U0131463

命理叢書1133

大元書局／出版發行

紫微破迷

顛覆斗數論命的第一本書

無塵居士◎著

目錄

自序

年輕時開始接觸紫微斗數祿命術，一開始也是星性、格局充滿腦海中，比對自己與親朋好友的命盤，結果發覺星曜賦性都是胡言亂語，甚至胡說八道，於是毅然決然的拋棄不用。

否定性的星性與定量格局後，對斗數的理解空無一物，無從著手論命的方式，更不知何種演繹方式，於是停頓了五六年不再接觸，後來去美國讀書時，無意間記起一位小學同學與我同時出生，兩人命盤完全一樣，但是我們兩人所有的遭遇卻沒有任何相同之處，思考很長一段時間，終於有一天嘗試輸入兩人許多個人資訊，來分辨兩人不同的遭遇與命運，經過一段摸索，了解如何在命盤中輸入個別條件，也求得標準答案。接著著手研究演繹方式，重複驗證許多推算程式，發覺傳統的十喻歌，才是論命的精華所在，沒有十喻歌，就無法準確的判斷事情的吉凶禍福、成敗好壞，猶如數學的九九乘法表，演算數學如果沒有九九乘法表，怎麼可能有標準答案呢？

俗語說：一理澈萬理通，有了正確的理念後，開始研究命盤的互相引動與牽制，感覺命盤就像一顆大樹，大樹有根枝葉之分，命盤有先天大限流年之別，思考良久之後，終於明白互相牽引的關係。不久後，就免費為親朋好友算命，經過無數次的歸納與統計，累積不少算命的經驗，也從經驗中記取教訓。目前紫微斗數界，充斥著星曜賦性的，與命盤推算解說的書籍，其實星曜只是命盤中的元素，如同英文字母的 abcd，不能說 b 是 book 或 bank，星曜沒有特質，以星曜賦性推論個人特質，那麼相同星曜在命宮的人，特質皆要相同。實際命盤的推算解說，其實都是在套命，因為作者在已知當事人所發生事情的狀況之下，再以命理來做合情合理的解釋，如果遇到同時出生，命盤相同的人，他們絕對不會發生一模一樣的事情，所以這種實盤解說毫無意義。研究斗數論命，必須先熟悉命理結構，與正確的演繹方式，不是星曜賦性論特質，或是在已知事實的情況下來套命，等於是先知道結果，再尋找命盤軌跡，這種論述不足為取！

無塵居士 2020.12.8

斗數新詮　全新的命理觀

研究紫微斗數祿命術，必須建立正確的命理觀，理念錯誤任憑你有三頭六臂，還是無法達到完美的境界。

論命不是猜謎遊戲，有時候準確有時候不準確，這種或然率不值得信賴。

斗數祿命術的功能，在於推論每一個單一事件的成敗好壞、吉凶禍福、榮枯興衰，不是探討世間上沒有人相同的特質。

命盤中有先天、大限、流年三種不同層次的各自功能，形成三度空間的交集，會相互牽引，構造成往前的生命進行曲。先天、大限、流年的組合，有如一顆大樹的根、枝、葉，相互牽動著一起茁壯或一起枯萎，在論命時無法單獨推論，也無法單獨判斷事情的走向，必須整體綜合觀察，才會有最後結果產生。

生命無時無刻在往前運轉，不能將生命定格在固定的時間裡，推算事情要了解何時種下因，當「因」確定後，要觀察往後的行運，如何牽動這個「因」，「因」

與「果」有必然的互動關係，除了意外事故以外，凡事沒有「因」就沒有「果」，何時結婚？何時開設公司？這個「因」都是推算未來成敗的關鍵。

斗數有其必須的演繹方程式，猶如數學的$(a+b)^2$，必須經過數學特有的推算方程式，才會有$a^2+2ab+b^2$的答案，沒有演繹過程的星曜賦性，絕對是求不出任何答案的。

斗數論命不是在命盤中打轉，也不是在僵硬的命盤裡尋找答案，欲知許多的答案，影響因素都在命盤之外，必須慎重考慮這些影響因素，否則都只是在玩猜謎遊戲而已。

每個人面對的人事物不相同，產生的結果必然不一樣，同樣的夫妻宮，選擇的配偶不相同，婚姻狀況絕對不一樣，所以探討婚姻成敗不是在夫妻宮。

命盤沒有決定命運，命盤也沒有任何答案，必須經過望聞問切，得知當事人所呼應的事項為何，才能判斷吉凶禍福，呼應決定命盤的好壞。

化祿與化忌都只是徵兆，好比前面有地雷，只要不去踩踏，就不會爆炸，前面有金礦，不去挖掘錢財不會從天上掉下來，看到祿星不必高興，看到忌星不用恐懼，看如何去應對，才是趨吉避凶的最佳方式！

斗數的命理觀與演繹程式

在斗數的研究路上，坦白說，三十幾年來，我從未見過有哪一位研習者或所謂的大師，有很正確的斗數命理觀，與無可挑剔的演繹程式，幾乎百分之百的人，開口就是星曜賦性，不然就是格局構造。

觀念不正確，斗數命理論述，就顯得雜亂無章、東湊西拼甚至是自圓其說，沒有說服力。論命沒有演繹程式，就像數學的演算過程中，沒有使用九九乘法表，永遠不可能有標準答案。

研究斗數祿命術，首先必須很清楚了解，斗數的整套理論，與其獨有的核心價值，否則對於斗數只是一知半解、似懂非懂，肯定無法成為真正的專家。

論命時，絕對不是以星曜賦性，來推論婚姻的成敗好壞，事業的榮枯興衰，必須綜合事情的來龍去脈，配合斗數的演繹程式，才有可能有正確答案，演繹程式是不可或缺的重要一個環節，缺少演繹程式，一切所推斷出來的答案，都是在玩猜謎遊戲，沒有任何意義存在。

一位學有專精的斗數研究者，絕對不是見到某顆星曜在命宮，就推算他的特質，在夫妻宮就推算他會有什麼樣的配偶，他必定了解，這種算命方式者，就是斗數研習幼稚園生的行為，所推算的結果，全部是亂槍打鳥，就算偶爾好運猜中，也是偶然與巧合，不具有任何意義。

時間？

影響命運的因素很多，父母影響遺傳基因，配偶影響婚姻幸福與否，合夥人影響合夥事業成敗等，這些影響因素的人，都在斗數命盤以外，缺少這些人的資訊，就無從推算最後成敗的結果，除此之外，還有一個影響命運更大的因素，就是時間！

每個人都會隨著時間改變，而產生對生命的質變與量變，尤其是有延續性的事項。

為何結婚時甜甜蜜蜜、恩恩愛愛，最後勞燕分飛？為何十年前是生死之交，十年後卻反目成仇？為何二十年前落魄潦倒，現在卻飛黃騰達？這些質變與量變的原因，都在於受到時間的影響。

一家公司設立，三年前業務顛顛簸簸，現在大獲其利？也有五年前營運狀況良好，現在卻關門大吉，世間上凡事皆受時間延續的影響，因此判斷婚姻最後結果，沒有考慮時間的變化，光是在夫妻宮推論，保證常常失準，一家公司最後結果，沒有考慮時間的延續，就無法推算未來是大展鴻圖還是關門大吉！

現在的你，不代表未來的你，現在恩愛的夫妻，不代表未來一樣甜甜蜜蜜，現在成功的事業，不代表未來一樣輝煌，時間改變一切，有如佛家所言～無常，斗數論命推算任何事項，沒有考慮時間的延續性，將形成時間永遠定格在現在！

淺談一理應萬事

所謂的「一理應萬事」，簡單的說，就是一個相同的命理軌跡，因人而異，會發生很多不一樣的事情！

譬如流年遷移宮化忌，有人發生車禍，有人飛來橫禍、有人出外遭逢不如意之事，有人卻什麼事也沒發生。

流年官祿宮、財帛宮同時化忌，沒有損失財物，工作上也沒有不如意之事，卻發生意外車禍。這種情形就符合斗數的「十喻歌」中，所說的四面楚歌終必敗的結局。

可是更多的人，流年一樣是官祿宮與財帛宮化忌，為何卻什麼事情也沒有發生呢？

令人難以捉摸的論命判斷，豈是讓人懷疑真實性的星曜賦性所能涵蓋？更有甚者，絕大多數研習者，喜歡以出生年天干所化出的祿星與忌星，坐在什麼宮位，來判斷當事人什麼症狀，實在是無知到了極點，如果相同祿星與忌星在同一個宮位之人，是否也要有相同的症狀？

一理應萬事，就是否定定性的星曜賦性，或先天的化祿與化忌將人的命運定格，違背了一個命理軌跡，會有不一樣的事理發生的原則！

祿星與忌星在某個宮位出現，不會有必然的相對事項發生，這是斗數論命的基本常識，如果研究斗數祿命術，連「一理應萬事」的道理都不懂，真不知如何論命？

十喻歌

十喻歌是斗數論命必經的演繹程式，至今絕大多數研習者，捨棄不用，無法跨越論命的鴻溝，猶如吃牛肉麵沒有牛肉一樣，今我將十喻歌略作註解。

吉凶最要細分明，本對合鄰有重輕！

註解：論命時要很清晰分清楚吉祥與凶厄之構造，三方四正的宮位與兩個鄰宮，對於命宮所造成的影響力有不同的程度，本宮（命宮）、對宮（遷移宮）、合宮（財帛宮與官祿宮）鄰宮（前後的宮位），會造成化祿來扶持，或化忌來衝擊，也會形成雙祿夾或雙忌夾。

四面楚歌終必敗，千祥雲集自然亨！

註解：四面楚歌就是命宮之外的遷移宮、財帛宮、官祿宮，都遭逢忌星，最終必定失敗。反之，這三個宮位都是祿星坐守，就是千祥雲集，此時必然會成功。

自強才是好人家，鄰舍惟添錦上花！

註解：自強就是命宮化祿，命宮強、財帛宮、官祿宮、遷移宮皆強。鄰舍就是兩個隔壁宮位，當形成雙祿夾此宮位時，就是錦上添花。

若到逢源真境地，春風只可感相差！

註解：如果遇到化祿或化忌，必然會有所影響，此時可以感受到化祿的喜悅或化忌的凶厄。

兩鄰相侮豈為災，自伐才教大可哀！

註解：兩個隔鄰的宮位都化忌，形成雙忌夾的局面，豈是災難而已，必然是災禍不斷。自伐就是命宮遇到忌星自坐，命宮弱、財帛宮、官祿宮、遷移宮皆弱，此時就是最大的悲哀。

易躲當頭一棍棒，難防左右襲兵來！

註解：易躲當頭一棍棒，就是容易閃躲遷移宮化忌而來衝擊，卻難防財帛宮與官祿宮的忌星之殺傷力。

十喻歌是斗數論命的精髓所在，論命時沒有運用十喻歌的推算方式，就等於數學演練，沒有使用九九乘法表一樣，不可能有標準答案！

斗數論命如何判斷？

斗數論命必須先分清先天、大限、流年的宮位孰輕孰重，先天的宮位為大樹的根，大限為枝，流年為葉，每一張命盤都有先天的化祿、化忌，因為是固定靜止的狀態，並不會有影響力，但是化忌畢竟還是一顆地雷，化祿還是祥兆，一切看被大限或流年的祿忌引動，才會活躍起來。

大限為當時的十年行運，也就是佛家所說的「當下」，是整個命運的主宰，大限的化祿、化忌，對於先天與流年的宮位，具有絕對的影響力。

流年與先天的忌星衝擊先天命宮，會造成不良的衝擊，但是這個殺傷力道並不是無可挽救，如果此時有大限的化祿護持，就可以化險為夷，反之先天與流年的祿星會照先天命宮，卻遭逢大限忌星的衝擊，由於流年只是大樹的葉，葉引動先天的根，還是無法抵擋大限是枝的破壞力，這種流年就無法開花結果。

如果先天或大限命宮的三方四正皆逢忌星，就是十喻歌所說的四面楚歌終必敗，反之，三方四正皆逢祿星，就是千祥雲集終必亨，但是最後結果，還是要取決於當事人是否去呼應命盤，否則任何事都不會發生，只是命盤的徵兆而已。

如果是先天與大限的忌星衝擊大限或先天命宮三方四正，此大限十年衰弱的運勢就明顯的呈現，反之是大限與先天的祿星會照大限或先天命宮的三方四正，此大限的十年內就成功可期。

流年與大限忌星互相引動在大限命宮的三方四正，一個大限十年中的這一年，枝葉皆受損，必然枝不會茁壯，葉也不會茂盛，如果是流年、大限的祿星護持大限命宮三方四正，十年中之這一年，必然揚眉吐氣。

斗數論命有其固定不變的程序，並非單一宮位可以為之，也絕非星曜賦性可以左右命運，捨棄先天、大限、流年三個不同層次祿忌的互相牽引，就不能稱為斗數論命了！

辯證能力與邏輯思維

研究紫微斗數祿命術，我沒有拜過師，也沒有閱讀任何一本完整的書籍，剛開始只是同學教我排命盤，我以邏輯思維檢驗書籍中的星曜賦性，以科學理念，辯證「書說」或「人說」的論述正確與否，發現星曜賦性是自圓其說、無中生有的產物，實際命盤演算的書籍，都是在已知當事人的情況下胡亂套命，於是我開始尋找釐清紫微斗數祿命術，正確無誤的推算方式，與命盤中所能運用的功能。

開始稍微具備一些紫微斗數的觀念與推算方式後，我不惜花費潤金，到處尋找奇人異士，甚至是開館設硯的執業相士算命，得到的結果卻是令人大失所望，不是模擬兩可，就是拐彎抹角的答案，總是認為這些大師都是虛有其表、浪得虛名。

目前市面上傳說的名師，幾乎在三十年前，我都親自面對過，對談的事實經過，好像與這些大師的門徒目前所宣傳與吹捧之下，對照三十年前論命的結果，實在是有天地之差！

學識的培養，可以增進視野的拓展，檢驗學術論述能否成立，最好的方法就是邏輯與辯證，這種經歷讓我在斗數研究的過程中，不接受胡言亂語、瞎掰胡扯的言論，也不接受經不起邏輯檢驗的論命條理，以星曜賦性來說，就是最佳的檢驗證明，舉個例如下：如果用甲的命宮星曜，可以推算甲的特質與命運，那麼當乙的命宮星曜與甲相同時，兩人的特質與命運就必然要相同，這是稍微具有學識者，都不可能接受的，於是，我一路對於星曜賦性的論述，窮追猛打的在報章雜誌批判，因此，幾乎斷絕了斗數同好的互相往來，但是我的批判，卻沒有人能夠有效的對我提出反駁，最後都慢慢避我而遠去，因為除了星曜賦性以外，他們竟是一無所有，於是在斗數界有一種「高處不勝寒」的感覺。

然而，我依然鍥而不捨的邁向科學辯證的路途，將斗數書中所有不正確或沒有邏輯理論的文字論述，一一提出來自我檢討，因此，在研究的道路上，我從來沒有走過冤枉路，也沒有被書本所騙，更沒有浪費金錢又浪費時間去研究不實在的書籍，在不受錯誤理論干擾之下，開始慢慢步向靈活論命的道路上！

論命的因果關係

由於紫微斗數的命盤，並非單一個人擁有，而是很多人共有，此時，如果你不具備現代科學的邏輯思維，就無法分辨在命盤探討星曜賦性與格局，到底是在推算誰的特質與命運？

當你開始懷疑命盤到底是同時出生中哪一位人，代表你已經走出斗數論命的第一步，一般研習者以為命盤只屬於某一個人擁有，所以只會在命盤中打轉，從命盤尋求找出答案，從不考慮命盤以外的因素，才是影響每個人的命運，這種情形就是只知命理不知事理。

斗數論命不是單一宮位、單一星曜就可以勝任，舉個事實，同樣是郭台銘擁有，一家是富士康、一家是富智康，一樣的今天，為何富士康賺錢，富智康卻虧損累累？

富士康賺錢，並非郭台銘今天好運，而是富士康創立的年度種下了好「因」，今天坐收其果，富智康虧損也不是郭台銘今天不好運，是創立時的年度種下不好的「因」，今天承受其果。

如果推算郭台銘的事業，沒有考慮「因果」關係，除了命盤以外，還要加上這兩家公司創立時的因，然後輸入到郭台銘的命盤去探討，光是以郭台銘的紫微斗數命盤，同樣的事業宮，同樣的星曜，要如何推算這兩家公司完全不相同的營收狀況呢？

命運交響曲

使用手機、電腦打字，要記ㄅㄆㄇ或A B C在什麼位置，學彈鋼琴要記DO RA MI音符的位置，這是要完成打字或彈琴的必備條件。

當熟練這些字母或音符的位置所在後，可以快速打字或優雅靈活的彈琴，但是當真正在彈琴、打字時，卻要忘掉字母或音符所在的鍵盤位置，悠遊自在的打字或彈琴，達到忘我的境界，這就是佛教所說的空即是有、有即是空，空是建立在有的基礎上。

好比學畫畫，要先學素描與工筆畫，有了素描與工筆的基礎，最後才能寫意，寫意畫的價值與境界，絕對超越工筆畫。

研究斗數的道理也是如此，開始時要熟記斗數的結構與功能，然後是論命的推演方式，但是真正面對當事人論命時，不能死守刻板的教條，而是要靈活運用，達到忘我的境界。

一幅畫的構成，是很多工筆的組成，絕對不是單一筆畫能夠完成，一個生命的構成，更是很多複雜元素的組合，絕對不是一顆星曜、一個格局能夠譜出生命的樂章。

命運錯綜複雜，事情成敗好壞變化無窮，豈是一顆星曜與一個格局能夠涵蓋？

十喻歌的應用方法

斗數論命首先要確定宮位的功能，宮位功能確定後，才能推算當事人所欲知事項的結果，什麼事項應該定位在哪個宮位，不能模糊不清，例如先天、大限、流年各有的宮位名稱相同，但是功能絕對不一樣。

斗數論命要精準推算結果，必須運用斗數獨有的演繹方式—十喻歌，十喻歌內容簡潔扼要，雖然歌詞中的文字論述不多，然而，卻將論命推算過程，遭逢的祿星與忌星的交會、衝擊，或雙祿、雙忌所夾的宮位，闡述它們的結構，在命盤中會引發何種影響力，如歌詞中有：「吉凶最要細分明，本對合鄰有重輕」，還有千祥雲集、四面楚歌、當頭棒喝、迎面春風等等，這些詞句或成語，清楚表達論命時，所遭遇的祿忌引動狀況，與最後成敗的結局。

十喻歌是斗數論命的精髓所在，可惜，絕大多數斗數研究者，迷思於星曜賦性與格局，卻忽視論命推算過程中，最重要的十喻歌之存在，反而棄之如敝屣，就像數學的演算，必須經過演繹方程式，才能求出最後結果，斗數論命也是如此，捨棄十喻歌將如何追求正確答案呢，實在令人百思不得其解。

斗數論命的推算過程，如果沒有採用十喻歌，猶如吃牛肉麵沒有牛肉一樣，論命結果必然失真，所以背誦星曜賦性者，永遠無法靈活、精準論命，最重要的原因在於此。

星曜如此神通廣大？

市面上的斗數書籍或教學，幾乎千篇一律的都是星曜賦性當道。

星曜賦性既然神通廣大無所不包，可以判斷外在特徵包括身高、體重，也可以推算長相。更可以推論內在特質，包括個性、喜好，一顆星曜賦性竟然可以包涵一個人的一生，全是一派胡言。

每個人的生命都有幼年期、青年期、中年期、壯年期、老年期，無論是看得到的外在特徵，或看不到的內在特質，無時無刻都在改變。

每個人不僅外在特徵與內在特質，會隨著時間改變，甚至是讀書求學、職業工作、感情交友、投資合夥，也是不斷的因人、因事而千變萬化，豈是一顆星曜能夠主宰這一切。

生命的尊嚴在於，沒有人可以對任何人的內心世界一窺究竟，包括現代的醫學、心理學也無能為力，豈料一些斗數研習者，竟然想跨越這道永遠無法跨越的鴻溝，這種不自量力的行為，只是表現出幼稚與無知。

星曜賦性沒有任何邏輯可言，也無法放諸四海皆準，在斗數論命中，本來就是畫蛇添足的產物，任何人都可以不受約束的情況下，自由論述星曜賦性的功能，事實上在論命過程中，卻完全沒有任何影響力，讓人不知其存在的意義何在？

學術研究在於追求精益求精、去蕪存菁，將錯誤的論調排除，以免禍害未來的研究者，唯有斗數的星曜賦性，本來就是建立在錯誤的理論上，多年來不僅沒有被汰除，反而越是大行其道！

緣木求魚

決定婚姻成敗的人不是你，而是你的配偶，影響投資事業的人不是你，而是你的合夥人，造成車禍意外事故的，可能也不是你，而是跟你撞車的人。

與不同的人結婚，就會有不一樣的婚姻狀況，決定婚姻幸福不幸福，不是命盤的命宮，也不是夫妻宮，更不是星曜賦性。

與不同的人合夥開公司，就會有不一樣的賺虧，決定公司賺錢不賺錢，不是命盤的官祿宮。

意外事故也許不是你的錯，卻出現一位莫名其妙的莽撞者，開著車衝著你而來造成車禍。

配偶、合夥人，甚至是車禍事故的夥伴，都不會出現在命盤中，任你如何在命盤中尋找答案，永遠也不會有結果。

車禍事故的對象，因為無法得知他是誰？從何處而來？所以沒有辦法將對方化為輸入命盤的條件，來探討為何有車禍發生，因此無法預作防範，所以稱為意外災厄，斗數在趨吉避凶的功能中，對於車禍事故是排除在外的。

配偶是結婚對象，要取得配偶的資訊，然後轉化為輸入命盤的條件，這是輕而易舉之事，沒有配偶的條件，結合你的命盤一起探討，只是從夫妻宮去尋找答案，永遠不可能有結果，這種方式叫做緣木求魚。

主宰你的合夥事業的是合夥人，如果缺少合夥人的條件，輸入到你的命盤綜合推論，只是在你的官祿宮探討合夥事業賺虧，這種方式叫做暗屋裡尋找黑貓！

如何突破斗數論命？

研究任何學術或術數，目標就是理論無懈可擊，眾人之中出類拔萃，在各自的領域中獨領風騷。

斗數研究也是如此，如果所學的都是一知半解，似是而非或旁門左道，最後只有被淘汰的份。

斗數研習者多如過江之鯽，但是精通者，卻如鳳毛麟角，原因在於所閱讀的書籍不切實際，無法與現實結合，所拜師學藝的師資不夠精良，無法傳達正確祿命觀、指點迷津與傳授正確的演繹方式，於是絕大多數的研習者，無法突破這門術數。

要步入紫微斗數論命的殿堂，必須排除不成定律的命理論述，建立無懈可擊的正確命理觀，如何精研推算方式，最後思考如何將事理結合命理，來追求最後的結果。

斗數論命並不艱澀難以融會貫通，絕大部分研習者，無形中將自己的思緒搞得混亂不清，將簡單易明的道理，自我複雜化，於是在論命時，或多或少會參雜猜謎的成分，偶爾有時也有準確的時候，然而牽涉到猜謎終究不是論命的精神所在，不足為取。

要在斗數界出類拔萃、獨領風騷，必須排斥胡思亂想的星曜賦性，也要避免在已知當事人的情況下，做命理推算與論述，需要建立正確且與眾不同的命理觀，所提出的命理論述無懈可擊，還要有精準無誤的演繹程式，構築紮實無法攻破的斗數基礎，且所倡導的理論與演繹方式，必須放諸四海皆準，那麼揚名立萬的一天，距離必然不會遙遠了！

斗數的核心價值

任何祿命術都有其核心理論與價值，紫微斗數祿命術，以化祿化忌為推算吉凶、成敗，與子平八字運用五行生剋原理，壁壘分明、互不相干。

斗數論命不以宮位與星曜論五行生剋，所以星曜的廟旺利陷並不存在，也無法在論命時派上用場，屬於畫蛇添足。

斗數宮位的地支，只是天干地支的一部分，用於計算行運到哪個宮位，並非具有計算時辰的功能，所以太陽與太陰坐守在某個宮位，不能判斷強弱，而是以出生的時辰決定太陽的強弱，出生的日子，決定月亮的圓缺，這才符合大自然的規律。

斗數論命以化祿、化忌判斷吉凶禍福、成敗好壞，不會化祿或化忌的星曜，在論命時根本起不了任何的影響作用。

紫微斗數不以單一星曜或宮位論命，因為命盤呈現的是靜止狀態，而生命是不停的往前移動，所以推算任何事項，必須經過其特有的演繹方程式——十喻歌，缺少十喻歌的推算方式，有如在數學的演繹過程中，沒有運用九九乘法表，就必然不可能有標準答案產生。

佛家所謂的修行，就是修正行為，套用在斗數論命，就是修正不好的運勢，轉換為好的運勢，也就是所謂的趨吉避凶。

凶既然可以避，那麼就表示凡事沒有必然失敗的結果，斗數論命術在避開凶厄之事上具備此功能，可以明確指點迷津，就不會茫茫然走向失敗之不歸路。

任何祿命術都有其核心價值，斗數有與眾不同的理論基礎、演繹方式，就像子平八字，絕對不是以單一的天干或地支，來推論個人的特質與命運，同理，斗數也絕對不是以單一的星曜賦性，推論個人的特質與命運！

化祿與化忌

斗數論命的精髓—十喻歌，第一句話就是：「吉凶最要細分明，本對合鄰有重輕」。很清楚的表達，斗數論命以推算吉凶為依歸，那麼在命盤呈現吉凶徵兆的，當屬化祿與化忌莫屬，第一句話就將化權與化科剔除了。

吉與凶站在正反兩面的對立地位，吉就是吉祥、吉利，凶就是不幸、凶厄，翻譯成斗數語彙，化祿代表吉祥、順利、化忌代表凶厄、挫折。因此，斗數論命的主軸，取決於化祿與化忌。

考試成功、升官順利都與化祿脫離不了關係，考試失敗、升官遇阻，也與化忌息息相關，如果考試成功與否是由化科星主宰，那麼考試失敗與哪顆星曜有關呢？化忌與化科並沒有二元對立之局面。

如果升官是因為化權的關係，那麼升官遇到挫折，又是哪顆星曜在作祟呢？化忌與化權也沒有對立之關係！

世間事十之八九不如意，豈有四化星中化祿、化權、化科都是吉祥的代表，而凶厄之星卻只有化忌，不符合對等比例原則！

定性的星曜

定了性且無轉圜餘地的星曜，它不會決定你的特質，也不會決定你的婚姻，更不會決定你的未來！

貪狼不是桃花星，如果是出家修行的和尚與尼姑，命宮是貪狼星該怎麼辦？

武曲不是財星，坐在你財帛宮的星曜就是你的財星，先天的財帛宮，並沒有決定你的財運，而是由大限主宰你行運的財務狀況，如果先天財帛宮決定財富，那麼跟郭台銘相同命盤的人，都要擁有相同的財富。

天機星不是聰明、智慧之星，全世界知名的政治家、科學家、醫學家、音樂家、畫家，命宮什麼星曜都有，智慧、聰明不是天機星的專利。

許多人以電腦大數據推算命運，唯一能夠輸入電腦的，就是將星曜賦性，編輯成輸入電腦的軟體，只要電腦呈現當事人命宮、兄弟宮、夫妻宮、財帛宮等，就會有固定不變的答案跑出來，如果遇到星曜相同者，答案必然完全相同，但是事與願違，全世界沒有任何人命運是相同的！

斗數界的亂象

命理界有算命的與命理學家之分，在社會上的定義完全不一樣，算命的也許經過一些算命累積的經驗，可以有正確的結果，可是並沒有紮實的理論基礎，無法著書立說流傳於世，只能靠口耳相傳，師徒私相授受，由於自古以來都有留一手的惡習，於是流傳下來的越來越少。

命理學家了解命理結構，理論基礎，也有其固定的演繹程式，可以著書立說，可以開班授課，只要遵循命理學家的立論與方式，還有透過文字的論述，一樣可以達到學有所成的效果。

斗數界充滿者算命的，能夠稱為命理學家的寥寥無幾，近乎絕種，尤其是算命的演化成不學無術的江湖術士，口無遮攔、胡言亂語，將一門精彩無比的祿命術，化身為刻板僵硬的填充式命理，甚至參雜怪力亂神的言論，招搖撞騙實在令人不忍卒睹。

有人説福德宮可以探討一個人的福報，真的是見人説人話見鬼説鬼話，所謂的福報之説，是緣起於佛教，如果遇到沒有佛教信仰的人，豈不是沒有了福報？況且，除非此位算命的已經成佛成菩薩，否則怎麼知道當事者的福報呢？這種江湖術士還寫書教學呢！

研究斗數論命，憑個人資質的造化，有人精通有人一竅不通，都無關緊要，最令人無法容忍的是，學一點星曜賦性的背誦，就出來傳授學員，或出版著作，這種三腳貓功夫的人，斗數界到處都是。

意外災難

數學的推算有具體的答案數據，如5+5=10，有固定的不變的演繹方式，且放諸四海皆準，斗數論命也有固定的推算方式，卻沒有固定的答案，原因在於論命時推論的是無時無刻不在變化的人，人性難以捉摸。

斗數是以一理應萬事的法則，同樣的命理徵兆，卻會產生每個人所發生的事項不同，就算推算程式相同，但是答案會不一樣，這就是其讓人無從捉摸的地方，沒有經驗豐富、歸納與判斷，根本無從得知當事人會發生什麼事。

一樣的遷移宮化忌，有人車禍受傷，有人出外遇到意外災厄，有人吃上官司，有人因犯案進監牢，也有人什麼事都沒有發生，這就是斗數論命最令人難以精通的所在。

命盤沒有決定每個人的命運，除了意外災難無從防範之外，其他事項幾乎都可經過當事人的選擇，而產生吉凶禍福的結果。

斗數論命最困難推算的事項就是車禍與意外災難，車禍發生的原因無從得知，與對方根本無冤無仇，意外災難有時候連傷害者都不存在，照樣會災難從天而降，防不勝防。

斗數的功能—趨吉避凶，遇到車禍與意外災難，就失去其功能，在命盤中要推算災厄的發生，難上加難，除非有深厚功力，加上論命經驗累積，否則無法達成目標！

『趨吉』與『避凶』

任何人在生命歷程中，必然有順利、挫折與成功、失敗，許多最後失敗、挫折的結果，在於對所作事情錯誤的判斷。

除了學識的培養與生活的磨練，可以讓人記取歷史教訓，也可以正確的判斷外，紫微斗數在當下決定之前，可以做「生命工程」的最佳參考。

由於紫微斗數是以『因』推『果』的術數，在決定種下『因』之前，可以準確分析最後是什麼樣的『果』，當事人依據此分，可以減少很多失敗與挫折。

紫微斗數的終極目標是—趨吉避凶，『凶』既然可以避，人就不應該陷於失敗的窘境，而是往吉利的方向前進。

要避『凶』，必須有一個先決條件，就是在分析最後結果是凶厄之徵兆，就必須縮手而停止前進，如果事情已經在進行中，那麼『趨吉避凶』的功能就無法發揮。

至於趨吉避凶的『趨吉』，決定於當事人是否去呼應命盤中所呈現的吉祥之徵兆，有呼應才有結果，如果沒有去呼應，再好的命盤徵兆，也只是侷限於徵兆而已，不會化為成功的事實。

俗語說：命好不怕運來磨，這句話值得商榷，更應該重新檢討，否則誤導眾生，試想，命再好的人，如果一生盡是遭遇挫折與失敗，最後不會兵敗如山倒嗎？還有重振旗鼓的一天嗎？

研究紫微斗數論命，最可貴的就是如何『趨吉』如何『避凶』，如果沒有辦法發揮此兩種功能，那麼研究紫微斗數就失去其意義！

不可能的任務

命運是無法改變的宿命，與因為個人選擇而隨時變動的非宿命之結合。

宿命包括父母、兄弟、子女、成長環境、家庭背景、遺傳基因等，都是每個人無法選擇與改變的，在命盤中也不會呈現任何症狀。

非宿命包括，擇偶對象，合夥、事業合作對象、選擇從事的職業、選擇投資等。

斗數論命不探討宿命的部分，因為每個人的父母、兄弟、子女成長環境、家庭背景，沒有人有能力從命盤去探討與推算，想推算這些事項是不自量力。

斗數論命針對的是非宿命方面的探討，然而也不是命盤就能決定一切結果，還需要有相對關係人的資料，融入當事人命盤，才會產生互動的結果。

每個人的特質跟遺傳基因、成長環境、還有面對的人事物有關，這些影響特質的因素，無法從命盤呈現，所以命盤推論個人特質、成長環境、家庭背景，跟天方夜譚沒有差異，事實上是非不為也而是不能為也。

紫微斗數論命術的創立，有其時代背景與核心價值，也有其侷限所在，牽涉到個人的特質，如個性、體格、高矮、長相、思想、價值觀等都沒有介入的空間，尤其是數字上的量化，試圖推算幾個兒女、幾個兄弟姐妹，都是癡人說夢話，就如英文的 mission Impossible，如果妄想在這方面有所突破，絕對是不可能的任務！

吃素若得道，牛羊皆成仙

俗語說：「吃素若得道，牛羊皆成仙」！這句話的解釋就是，凡事要實在，修行不是在做表面功夫，修行要身體力行，吃素如果能得道，牛羊都是吃素，是否都應該成仙呢？

研究斗數論命也是如此，不是閱讀書籍、背誦星性、牢記格局，就能成為命理專家，而是要具有實實在在的理論，正確的推算方式，而不是了解一些皮毛，就要開班授課、出版書籍，儼然是一位大師，實在是笑話一樁。

學術研討的珍貴，在於提出的立論，皆需經過實際的觀察、體驗之經歷，然後做出最後結論公諸於世，且得受公評。

紫微斗數書籍，絕大多數經不起考驗，都是作者隨心所欲，想怎麼表達就怎麼表達，杜撰、揑造充滿書籍內容，也有人出版書籍一千多頁，號稱他個人十數年嘔心瀝血的經典之作，翻閱內容實在不堪入目，不是抄襲而來，就是瞎掰胡扯，四十年前，慧心齋主的星曜賦性書籍，描述太陰坐命的男人—長相斯文，外表秀氣，此書演變成，太陰坐命的男人，外表秀氣，長相斯文，眼睛很漂亮，長得像梁朝偉，很有女人緣，真的是無限膨脹與誇大，書中沒有一個命理論述，可以實際運用在論命上，書中甚至以得到癌症之命例解說，這就是典型的套命，因為作者已知當事人得到癌症，如果有其他人提供一張命盤，不說明當事人已罹癌症，請他推論看看，我敢保證他不敢推算得了癌症，所以這種實際命盤的推算，沒有任何意義。

飽讀詩書者，發表出版書籍何其慎重，出版這種誤導眾生的書籍，不僅無法立德、立言，反而是胡言亂語、敗德！

私領域不會呈現在命盤

每個人都有不為人知獨特的私領域，包括：父母遺傳、教育背景、成長環境、配偶、合夥人、人生觀、價值觀等等，斗數命盤無法窺探這些私領域，論命時必須由當事人提供，如果論命沒有當事人這些個人獨有的條件，所推算出來的結果，都是跟猜謎遊戲一模一樣。

在沒有當事人提供私領域的狀況下，就算算命時偶然的準確，並不表示以後依樣畫葫蘆，每次必然的準確，其中牽涉到猜謎的成分居多。

論命準確並不希奇，論命的目的在於如何指點當事人，避免落入不可挽救的深淵，且能夠指引如何走向康莊大道，這才是算命的最高準則。

多數無知的斗數研習者，從命盤就可以推算何時結婚，未來會有幾個小孩，甚至是兒子還是女兒，試問，相同命盤者，是否結婚對象要相同，生兒生女也要相同？以星曜賦性也可以判斷適合何種職業，請問相同命盤的人，從事的職業都要相同嗎？這種推論婚姻與生孩子的方式，沒有考慮結婚對象是誰，是否出現，生小孩不是一個人可以單獨為之，必須有異性的配合，沒有異性的條件，如何生出小孩？推算適合的職業，沒有考慮個人學識的養成與興趣，毫無根據的以星曜賦性推論，實在是一大笑柄。

斗數論命，並非命盤決定命運，星曜決定特質，如果只是從命盤推算任何結果，相同命盤，相同星曜的人，不僅是特質要完全一樣，命運也要完全相同，無法經得起邏輯學的檢驗，也無法讓知識份子認同！

命盤與命運？

三十年來，市面上的斗數書籍，或網路發表的文章，不是星曜賦性，就是格局構造，研習斗數者，皆欣然接受，唯獨我願意充當斗數界的烏鴉，專門揭發這些不堪入目且經不起考驗的文章與書籍。

在報章雜誌、電視媒體包括網路，三十年來，我秉持著對就是對、錯就是錯的批判精神，對於許多星曜賦性與格局的書籍或文章提出辯證的原則，而否定這些論述，也對提倡格局會影響命運的說法，提出反駁，過程總是高處不勝寒，沒有志同道合者加入行列。

我並非無的放矢，要批判之前，必須有深入的了解與親身體驗，才會提出駁斥這些不足為訓的書籍與文章，我個人研究發現，相同命盤的人很多，無法從共同的命盤，推算個人獨有的命運，因此，確定命盤沒有決定命運，決定命運的全部是命盤以外的因素，這些因素必須由當事人提供，否則無法推算任何事項，所推算出來的結果，屬於相同命盤的所有人。

斗數論命如果缺少邏輯思維，很容易陷入自我想像的空間，也很容易被星曜賦性與格局誤導，很多人都是步入如此之過程，到頭來無法轉身走向論命的康莊大道！

面對命盤如何論命？

斗數論命答案準確是必須的，但是更重要的是要在相對條件之下，精準分析當事人未來是成是敗，然後才能指引當事人如何趨吉避凶。

任何命理的創立，並非只是在探討已成事實的過去事，就算準確無比，也只是過去式，而是要精確分析未來的走向，以好整以暇的態度，面對未來進可攻、退可守，立於不敗之地，這才是算命的目的。

論命要實際，推算所面臨事項的抉擇，而不是在探討雞毛蒜皮且無關命運的個人特質。

成功者最懼怕突然挫折、失敗，最後一無所有，失意者最怕一直重蹈覆轍，永無翻身之日，成功者為了保有目前的成績，甚至更上一層樓，失意者為了尋找更快的捷徑邁入成功者的行列，此時找人論命，最需要的是像一盞明燈指點迷津。

若為人論命者，沒有厚實的命理基礎，正確的演繹程式，只會用星曜賦性瞎掰胡扯，對於問命者會有什麼益處？又豈能指點迷津呢？

影響婚姻的是配偶，做生意要考慮合作對象，如果沒有配偶的條件輸入到命盤，豈知感情互動關係？沒有合作對象，豈能推算事業成敗？

斗數命盤並沒有決定任何事項的結果，凡事都有接觸的對象，對象就是影響命運的重要因素，除了車禍、意外災厄無法了解事出何因以外，探討任何事項都必須有命盤以外的影響因素，這些因素決定命盤的走勢，沒有外來因素，就只是在命盤上打轉，永遠也不會有標準答案。

斗數界的悲哀

紫微或太陰在夫妻宮，就會遇到什麼樣的配偶嗎？星曜真的如此神通廣大，主宰每一個人的婚姻嗎？如果星曜可以決定婚姻，是否相同星曜在夫妻宮，通通要跟同一個人結婚？遇到終身未婚的人，難道他的夫妻宮就不會有紫微或太陰星嗎？又要做如何解釋？

打開網路上 YouTube 的斗數論命視頻，幾乎都是濫竽充數的星曜賦性，實在令人懷疑，這群網路教學者，他們除了會星曜賦性以外，真的是一無所有嗎？

以下是一位自認高手，在網路上論命的文章：

「父母很有錢富有，但時常吵架爭執不和的命例。『火星坐父母宮，秉性太剛烈，位於六親宮，多主刑傷，在父母宮火爆性格，常吵架爭執不和』」。

一顆火星在父母宮，就可以斷定父母火爆性格，常吵架爭執不和，太瞧得起火星的威力了，在斗數論命上，火星不會化祿也不會化忌，沒有吉凶的特徵，根本是畫蛇添足的產物，以火星在父母宮如果能推算父母不和，那麼全天下火星在父母宮的人，是否全部是父母不和？反過來說，其他星曜在父母宮的人，父母就必然和睦相處了？

這些鬼話連篇的論述，卻還有無知者相信，怎麼不是斗數界的悲哀呢？

特質與命運

以出生年月日時排列出來的命盤，是否決定當事人的特質與命運？答案是百分之百否定的！

因為同時辰出生的人很多，命盤完全一樣，如果命盤可以決定當事人的特質與命運，那麼同時出生的人，命運與特質就要一模一樣。

為何命盤不能決定當事人的特質與命運呢?原因在於一張命盤很多人共同擁有，但是這些人的特質與命運卻完全不相同，命運與特質不同的原因，在於他們的人生歷程中，所面對的人事物不一樣，接觸不同的人事物，影響相同命盤卻有迥然不同的特質與命運。

相同命盤的人，有不同的父母，於是擁有不同的遺傳基因，特質當然不會相同，嫁娶不同的配偶，於是擁有完全不同的婚姻世界，與不同的人交友，會有不同的人際關係，從事不一樣的職業，就會有不同的收入與財富，每個人的面對的與選擇的不相同，即使他們的命盤相同，命運就在選擇各自面對的人事物後分道揚鑣。

命盤是靜止狀態，所以不會呈現事情的好壞，也由於命盤是很多人共同擁有的，所以無法推算其中任何一人的特質與命運，特質包括長相、體格、個性、思想、價值觀與人生觀，企圖從命盤判斷當事人任何事項，都是徒勞無功的。

斗數論命時的奧秘就在於此，必須經過特有的演繹程式，去推算每一事件的結果，絕對不是單一命盤或單一星曜可以主宰命運的。

風水新詮

中國的帝王都找最好的風水，建築皇宮、修築陵墓，為什麼最後都走向滅亡之路？

其實原因很簡單，暴政、昏庸、無能與自然災害造成饑荒，導致他們的王朝滅亡，暴政、昏庸、無能是個人因素，自然災害是屬於天災，跟風水毫無任何相干。

由此可知，所謂好風水並沒有達到庇祐的功能，抵擋不了暴政、昏庸、無能與自然災害，為何兩千多年來，還是有人不死心？

從秦始皇到清朝雍正皇帝，每個帝王都在尋找長生不老之藥，結果沒有人成功，至今還是有道家修行者，依然在煉丹妄想長生不老。

現代人具有古人所沒有的科學知識，然而錯誤的觀念，依舊深植人心，依然有人相信風水有好壞之分，有吉凶之別，一窩蜂尋找所謂的好風水，依然有人日日夜夜在煉丹，妄圖長生不老！

目前西方國家有一些人也在風行風水學，但是他們的觀念與傳統的中國風水大異其趣，老外不相信青龍、白虎、朱雀、玄武這些憑空捏造的名詞，也不接受刑煞沖剋，無中生有的形容詞，他們相信空間中有磁場與能量，會干擾人類的日常生活，於是室內空間的風水五行佈局，逐漸在西方國家取得信賴。

山形、地勢、河流皆屬於大自然的景觀，也屬於全人類共同擁有，沒有人有資格據為私有，所以大自然沒有所謂的好風水庇祐任何人，所謂的好風水是如何在個人使用的空間，包括住家、商店、辦公室佈置個人與大自然空間的五行平衡，當五行平衡時，就是個人所擁有的好風水！

好風水的定義

傳統風水學，注重青龍、白虎、朱雀、玄武，說也奇怪，中國的帝王富豪們，依循這個原則，尋找最好的風水，結果卻沒有人保住江山與財富。

身為萬物之靈的人類，怎麼會相信這些神獸？獸這個字代表的就是畜生，現代社會科學昌明，知識水準提升，怎麼還有人相信青龍、白虎、朱雀、玄武呢？

用現代人的眼光，牽涉到無中生有的名詞，想讓知識份子接受，恐怕是不容易之事。

房子本身沒有好壞之分，也沒有吉凶之別，一切看誰來居住、誰來使用，才能決定居住者與房子空間的互動關係。

一個住家、辦公室、商店，不能觀察外表而決定風水好壞！

有人居住在一間房子裡，健康、平安、順利，賺了錢去買更大更好的房子，換了一位新主人，結果身體每況愈下，事業不順，有人在一間辦公室或商店賺了錢，遷移到更大的營業場所，換另外一個人來原地經營，卻虧損而關閉，由此可知，住家、辦公室或商店的風水，並沒有所謂的好壞之區別，一切看誰來居住與使用。

為什麼同樣一間房子，因為使用人不同，而有如此巨大的差異呢！

這就是風水學中，現代人眼光中的磁場效應，以風水的角度來看，就是五行的相生相剋。

風水學的理論基礎，就是大自然的空間會散發磁場能量，人也會散發磁場能量，用古老的風水理論來說，就是兩者之間會散發五行的能量，如果兩者的五行相剋，當然一切不如意，如果五行相生，自然而然會產生良好的磁場感應。

我們無法用肉眼觀察磁場的生剋，只能藉著當事人的命盤，來做人與空間的五行平衡，當五行平衡後，就不會有相剋的問題存在，也就是所謂的好風水。

強詞奪理

三十年來我常常在報紙、電視、網路上提出紫微斗數的星曜沒有星性，格局沒有作用，這是很多研習斗數者無法接受的事實，因為他們所研究的範圍就是星曜賦性，這種說法會讓他們一無所有、精神崩潰。

學術探討本著得受公評的信念，歡迎對我的主張有意見者，可以提出反駁，但是事實並非如此，至今頂多遇到說我不懂斗數在暢談斗數，卻無法提出反駁的意見與主張。

因為斗數中的紫微星、貪狼星、天相星以及所有的星曜，都不代表任何含義，這些星曜特質，無法適用於相同星曜者，因此命宮相同星曜的人多到不可勝數。

論命是推算成敗得失，星曜賦性無法承擔此重責，就以星曜賦性論個人特質來說，對於事情最後結果並沒有絲毫影響，論了也是白論。

研究斗數祿命術，首先必須確立的是，命宮坐哪顆星曜，並沒有特定獨有的特質，夫妻宮坐什麼星曜，並不會影響婚姻狀況，決定婚姻成敗的因素，在於配偶是誰?官祿宮坐某顆星曜，並沒有決定必須從事何種行業，一切看當事人自己決定。

因此，相同星曜在命宮的人，特質、長相、思想不會相同，相同星曜在夫妻宮的人，婚姻互動關係大不相同，相同星曜在官祿宮的人，職業、工作、職務皆不一樣。

要檢驗星曜賦性是否胡說八道，最簡單的方法，就是拿兩張相同的命盤，看看他們兩人的長相、思想、特質是否相同?婚姻狀況是否一樣?從事的職業是否相同，就能一清二楚，還需辯論或強詞奪理嗎?

機運與選擇

生命歷程充滿機運，機運有好有壞，就看如何選擇！

除了生活的常識加上學識的培養，可以做正確選擇之外，依靠紫微斗數祿命術，也是另外一條途徑！

斗數命盤並沒有決定當事人的命運，命運過程中的成敗，一切由個人選擇而定！

明天會出現什麼機運，沒有人知道，斗數命盤也無法預知，當有人找你合夥做事業，就是機運出現，但是合夥不保證成功，成敗的結果，就看你是否選擇正確的合夥人。

結婚對象出現，也是一種機運，結不結婚，或結婚後婚姻是否幸福，就看你選擇的對象是否適合。

一個投資機會來臨，也是機運降臨，至於投資結果是賺虧，也因你的選擇而定。

當機運降臨，而你不選擇，就沒有所謂的結果！

斗數干河圖洛書什麼屁事？

很多傳統術數的由來，由於時間久遠，已經無從考據，很多人浪費時間在探討由來之處，如斗數從河圖洛書而來，永遠都沒有標準答案。

現代研究紫微斗數者花樣百出，於是有：

一六共宗、二七同道等與斗數論命毫無關係的口訣，如：

「一六共宗，為水居北；
二七同道，為火居南；
三八為朋，為木居東；
四九作友，為金居西；
五十相守，為土居中。」

光看這些文字論述，都是以五行為主，可惜斗數論命並不以五行生剋為主軸，金木水火土的五行，運用在斗數的星曜也是枉然，因為斗數論命在本質上，是以化祿與化忌推論吉凶禍福、成敗好壞，與五行之說沒有絲毫關聯。

紫微斗數發明已久，有其時空背景，我們無從考證因何而創立，就像阿拉伯數字是誰發明？什麼時候發明，依然沒有確切的答案一樣，但是依據斗數流傳下來的資料，我們可以嘗試運用在實際論命上是否可行，如果沒有精準度，當然要拋棄而不用。

浪費時間在術數成立的爭論，不如專心研究術數的功能，與正確的推算方式，這才是正途！

命理必須結合事理

接觸紫微斗數數十年，見過或對談的同好也不少，但是能夠理解斗數祿命術真諦，與正確的演繹程式的人，實在是少之又少。

絕大多數人誤認為，斗數論命是以星曜賦性為主軸，只要星曜在某個宮位，必然對此宮位影響至深，然而這種根深蒂固的錯誤觀念，與實際上必須經過斗數獨有的演繹方式，才會有結果的方法離經背道。

多少人浪費時間於不堪一擊的書本上，盡信書本中的文字論述，可是這些論述既不切實際也無法使用在論命上，為何還是執迷不悟呢？

斗數論命的突破，不是在單一命盤中尋找答案，而是要思考如何將命盤以外相對應的資訊輸入到命盤，必須事理結合命理，才會有特定事項的推算結果，如果只是想從命盤得出結果，就會永遠在原地踏步，無法突出重圍。

所謂的事理就是事情的緣由，命理就是斗數的演繹程式，凡事要有正確答案，必須透過命理的推算過程，才能逐一抽絲剝繭的去探討事情的結果。

事理必須由當事人提供，而不是在命盤中玩猜謎遊戲，命理由論命者演繹斗數推算方式，兩者結合後，必然有結果產生，這才是斗數論命的方式！

離婚？

離婚的因素很多，包括價值觀、人生觀不同，小孩教育問題，夫家、婆家介入，金錢與事業問題，性生活不協調，外遇等等。

斗數探討夫妻二人的婚姻狀況，只能推算協調不協調，幸福不幸福，卻沒有能力判斷是否離婚。

由於有的宗教信仰關係無法離婚，也有人因為面子問題也不想離婚，離不離婚取決男女二人的態度，命盤並沒有決定離婚的權利，因此可以看到很多夫妻道貌岸然、水火不相容，甚至怒目相向似仇人，依然維持夫妻關係。

離婚的因素很多，斗數論命只侷限探討男女的互動關係，沒有能力判斷離婚與為何不合？

命理推論，只知夫妻兩人互動結果，無法了解離婚過程，這是命理的侷限，任誰都無法跨越這道鴻溝！

如果有人推算何時結婚、何時離婚，保證此人必定是神仙在世！

荒謬的星曜賦性

找人算命無外乎想了解未來前途，包括感情、事業、投資、合夥、健康，攸關人生大事。

絕對沒有當事人，希望命理師告訴他，他的個性、特質、性生活、吃喝玩樂等無關命運之事。

研究斗數祿命術，不思如何突破論命技巧，推算關于命運中重要事項的成敗、吉凶，卻花費時間在星曜賦性上，以探討一些無關命運的芝麻蒜皮小事。

生命歷程中，哪一個人不希望未來幸福可期？哪一個人不希望反敗為勝？哪一個人不希望轉危為安？或一生榮華富貴？

然而斗數界，卻流行以星曜賦性推算，永遠沒有標準答案的個性、長相、特質，還有兄弟姐妹數量、子女人數，這些事項當事人比誰都清楚，無須重複論述。

當一個人的事業，面臨重大抉擇時，是要以斗數的推算方式，還是星曜賦性，告訴他如何應對？

當某人要結婚時，應該以當事人的命盤，結合他所選擇的對象，還是以星曜賦性，來探討未來婚姻前途？

當兩位嬰兒在一家醫院同時出生，其中一位不幸夭折，此時可以用星曜賦性來推算哪一位存活，哪一位夭折嗎？

多少人陷入星曜賦性的迷途中無法自拔？始作俑者就是廣為流傳的斗數書籍，然而一些失德的作者，依然我行我素，能奈他如何呢？

斗數論命？

每個人出生時辰排列出來的命盤，是固定而不變的，無論從小到大，命盤還是一模一樣，不變的命盤我們可以設定為定數1，1永遠等於1，不會有任何元素存在。

生命的歷程中，每個明天所面對的人、事、物都是一個未知數，這些未知數並不會在固定的命盤中顯現，而是必須去接觸，才會得知最後結果是好或是壞，我們姑且將未來的未知數設定為變數的X。

當固定不變的命盤為1，未來面對隨時在變動的人、事、物為X時，探討命運就會形成，不變的命盤加上變動的人事物，也就是定數的1加上變數的X等於命運。

固定的命盤為1時，無法推算任何事項，必須結合當事人面對的變數X，X就是所謂的人事物，如此推算出來的結果，才是屬於當事人的個人獨有的命運。

由此可知，以星曜賦性推算個人特質或命運，是無法自圓其說的，因為沒有考慮當事人所面對的人事物，而造成當事人隨時在變化的命運，如果斗數論命時，沒有考慮當事人面對的人事物，猶如1怎麼推算永遠是1，這種論命方式，你認為可信嗎？

預知與分析

生命的尊嚴在於神秘莫測，讓人無法預知未來，沒有人知道今晚要吃什麼？明天將會發生什麼事，後天將遇到誰？所以任何祿命術無法預知未來，否則就是神仙在世！

任何祿命術無法在當事人未提供選擇事項之前，絕對沒有人有能力預測未來的結果，否則同時出生者，將要發生一模一樣的事，且人的特質與命運隨著時間前進，無時無刻在改變，斗數論命在沒有當事人提供的相對條件之下，無法預知未來，斗數命盤更是無法推算個人的特質與命運！

俗語說：「禍兮福所倚，福兮禍所伏」，生命中充滿者福禍相依的定律，所以斗數命盤在先天、大限或流年中，就呈現出化祿與化忌，就是福與禍一起到來。

斗數祿命術不是「預知」未來之術，而是在有相對條件之下「分析」未來，在沒有個人獨有的相對條件之下，只是從命盤觀察，沒有人知道當事人是存活在世或早已夭折。

數學演練必須有其方程式，斗數論命也有其不可替代的演繹程式，未經推算過程，命盤是呈現靜止狀態，無法推算一直往前行進的生命。

「的」與「家」之區分

世界上許多專業領域中，有「的」也有「家」之區分。

比如：唱歌「的」，不是音樂「家」，繪畫「的」，不是畫「家」，跳舞「的」，不是舞蹈「家」，彈琴「的」，不是鋼琴「家」。

命理與風水界，也有這種區分，算命「的」不是命理學「家」，看風水「的」，不是風水學「家」。

在描述一位專業領域中的工作者，只是膚淺略懂皮毛，而無法成為一位專家，這就是所謂的「的」，至於在專業領域中，有紮實的理論基礎，專業領域的養成教育，且能詳細論述學術的構成要素，這種人就是所謂的「家」。

「家」與「的」在專業領域的培養過程，與知識的累積，是完全不可同日而語的，「的」無法在學術界，揚名立萬，被稱為「家」的學者，在專業領域中，可以獨樹一格，而將其所研究的理論，持久流傳下去。

以世界著名的諾貝爾獎得主來說，一定是學有專長，在各自的專業領域中，獨領風騷者，才有資格得到最高榮譽，這不是所謂的「的」可以匹敵的。

紫微斗數與風水界，充斥著算命「的」、看風水「的」，命理學「家」、風水學「家」見不到蹤影，這種術數，請問如何發揚光大呢？

斗數論命的正確觀念

研究紫微斗數論命，長時間無法突破者，以下是我個人經驗，提供給大家參考，首先必須具備的命理觀念，命盤中相同星曜的人，不會有相同的特質，一樣格局的人，不會有一樣的遭遇，必須拋棄這種錯誤的推算方式。

任何星曜在十二個宮位，都沒有任何含義，先天的化祿星與化忌星，既沒有吉祥也沒凶厄，除非被大限或流年的祿星與忌星所引動，才會開始產生影響力，否則呈現出來的只是靜止狀態，不具有任何影響力。

命盤只有命宮，一個人只有一條命，不可能有兩條命，所以沒有身宮這回事，書本中說命宮是先天，身宮是後天，有人甚至說命宮是因身宮是果，這是胡言亂語，任何人從誕生世間開始，未來的每一天都屬於後天，斗數的因果推論，在於何時種因，必然會在往後有果的出現，不是命宮與身宮的關係。

不會化祿、化忌的星曜，在論命時沒有好壞、成敗與吉凶、禍福的結果，可以捨棄不用，包括紫微星在內。

化祿代表成功、順利，化忌代表失敗、挫折，形成二元對立的局面，至於化權與化科並沒有影響事情的結果，應該是後人添加。

斗數雜談

俗語說：「落土時、八字命！」所以很多人被誤導，以為出生後，往後一切命運皆已注定。

古人資訊不發達，以為一個時辰只有一個人擁有，於是許多子平八字與紫微斗數的書籍，常常以某個出生年月日時的人，定調為狀元命、將軍命、富貴命等等，因為他們不知道在其他的地方或國度，同時出生的人很多，他們的出生八字雖然相同，可是並沒有一樣是狀元、將軍、富貴命。

就算某些人知道其他地方有人同時出生，八字與命盤一樣，但是他們會藉口說，同時出生的人因為出生地點不同，所以命運不一樣，但是當你反問說，出生在台北或高雄，或是出生在台灣或美國，要如何將出生地，結合八字或命盤一起推算時，幾乎他們都束手無策、啞口無言。

出生地是一個地名，也是一個名詞，名詞並不是子平八字裡的天干地支，或紫微斗數的天干與星曜，名詞與命理專用術語，渾然不相同，根本無法結合在一起，然後來區分同時出生者的命運不相同，說出生地影響命運者，你可曾見過哪一位命理師在算命之前，先問當事人出生在何處呢？

既然不同的出生地，會影響同時出生者的命運，可見出生地是多麼重要，為何命理師在算命時，從來沒有問八字或命盤的當事人，在什麼地方出生呢？

江湖術士滿街跑

研究斗數祿命術，必須了解紫微斗數命盤，只是算命的工具跟醫生診斷病人使用的聽筒一樣，聽筒沒有決定疾病種類，同理，命盤也沒有決定當事人的命運。

任何時辰出生所排列出來的命盤，都不是某一個人獨有的，所以從命盤直接推算命運，沒有顧及命盤是很多人共同擁有，所推算出來的命運，就是相同命盤的人，命運要完全一模一樣。

命盤只是算命的媒介，只是一張命運趨勢圖，必須視當事人呼應何種趨勢，才會有吉凶禍福的結果。

請問五歲的你，十五歲的你，二十五歲的你，三十五歲的你，甚至年紀更大的你會一成不變嗎？答案絕對是不會，因為你會因時間的變化，而呈現不一樣的你，但是你的命盤並沒有變化，依舊是相同的命宮，相同的命宮卻有不一樣的現狀，那麼以不變的命宮為你論命，到底在推算什麼年紀的你呢？

用命宮的星曜推算你的特質，是否考慮到，因為時間的改變，你的特質也會隨著改變，包括外在與內在特質都在質變，淺顯易懂的道理，只有在坊間滿街跑，不學無術的江湖術士不知此道理！

視頻教學

觀看 YouTube 網路視頻，有不少紫微斗數教學，以為會有什麼石破天驚之舉，結果令人大失所望。

千篇一律的都是命宮貪狼星，桃花滿天下，夫妻宮紫微星，相貌莊重、膽大心細，財帛宮武曲星，富甲一方。

最後居然還有結業時的畢業考，無疑的就是一些填充題，每個學員將背誦熟記的星曜賦性，填充到十二個宮位，以求標準答案，然後沾沾自喜。

這種教學方式，我敢保證，無論報名上課多少課程，絕對沒有人會算命，這種填鴨式的學員，如果遇到結婚兩次有兩個配偶的人，是否要推算兩次婚姻的對象要長得一模一樣？碰到財帛宮武曲星的人，卻公司倒閉負債累累，是否也要推算財富滿盈呢？

誤人子弟的教學方式，自稱老師的還口沫橫飛，當我留言問説：相同星曜的人是否都如此？回答的是：要再觀察三方四正的宮位，我再提問：命盤相同的人，三方四正還是相同，對方就啞口無言不回答了。

背誦星曜賦性就可開班授課，還錄製視頻廣為宣傳，要稱這些人是騙吃騙喝的江湖術士？還是‧‧‧‧‧？

日月與昌曲

為何斗數命盤只有太陽、太陰是真實存在宇宙的星辰，其餘的星曜都是虛有的星曜，為何非主星的星曜中，只有文昌文曲不會化祿卻會化忌？

日月在宇宙中，有其運行的規矩，行運中的日月，影響力絕對勝於其他虛星，必須思考這兩顆星躍的助力與殺傷力絕對大於其他星曜，當日月化祿時，代表進入正常的運行軌道，對於行運有什麼正面能量？化忌時代表運行軌道混亂，對於行運會有什麼重大破壞力？這些都是斗數論命中，必須釐清的基本概念。

文昌與文曲只是副星，竟然不會化祿反而會化忌，其中代表何種意義？兩顆星曜的破壞力，勝於紫微、天府這兩顆既不會化祿也不會化忌。

在對錯、成敗、好壞的二元對立的情況下，祿星與忌星就是代表。不會化祿與化忌的星曜，根本就沒有絲毫的影響力，所以紫微、天府、七殺、天相，絕對無法與會化忌的文昌、文曲相提並論，昌曲的破壞力道，絕對高於這四顆星曜千百倍。

我個人多年論命的經驗累積，戲稱太陽、太陰為斗數命盤的超級巨星，文昌、文曲為超級忌星，歡迎各位同好，仔細思考我說的話！

紫微斗數探源

文獻記載，明朝萬曆年間，羅洪先為中國術數《紫微斗數》的發現者，且近代的紫微斗數命盤與星曜，與古代皆已不同。

古代術數很多種，包括子平八字、奇門遁甲、梅花易數、鐵板神數等，這些術數創立時間皆早於紫微斗數。

斗數的創立有別於其他術數，唯有斗數不以節氣、五行論命，斗數的創立者，有鑑於歷代的術數有其無法彌補的缺點，於是從新創立不同的術數，以全新的面目見諸於世。

所有術數中只有紫微斗數可以探討遺傳基因，這是術數最大的突破，做更深入的思考與研究，近代的斗數變革，與時代背景有絕對的關係，清朝末年西洋醫學已流傳至中國，有西洋醫學知識者，可能適時植入西洋醫學於斗數中，否則以古代中國人的常識，不可能有遺傳基因這方面的考量。

斗數既然是最後創立的術數，經過長時間的變革，理應不會重蹈覆轍，而著手將古代不切實際的理論去蕪存菁，於是斗數的功能絕對優於其他的術數，最鮮明的就是，只有斗數可以將命盤以外的第二者，化為輸入命盤的條件，以推算二者的互動關係，其他術數都不具有這種能力。

為何紫微斗數稱為「數」而不是「術」？左思右想，斗數祿命術推算的功能，就是如何避開「劫數」，這個數應該就是劫數的數。

如此高度創新又具有近代科學與醫學知識的紫微斗數祿命術，竟然被一些不學無術的江湖術士，拿來探討絕對沒有準確率的個人特質，且不必經過斗數獨一無二的演繹方式，以宮位所在的星曜，推算當事人的妻財子祿壽，實在是荒唐至極，更有甚者，甚至在推算性生活、吃喝玩樂等無從考據的事項，將嚴肅的祿命術，當作嘻嘻哈哈的遊戲工具。

術法無罪，罪在人心

我研究斗數，只知道天上有太陽太陰兩顆真正的星躍，其餘的都是不存在的虛星，如果將斗數星曜與英文的ＡＢＣＤ或中文的ㄅㄆㄇ來對比，都只是一種元素，那麼這些星曜，都只是符號而已，也只是元素之一。

Ｂ永遠是Ｂ不能說Ｂ代表什麼單字，如果 B+A+N+K 就等於 BANK，但是Ｂ並不是永遠是 BANK，如果 B+O+O+K 就變成 BOOK。

斗數的星曜，就如同英文字母一樣，不具有任何含義，推算事情的結果，要觀察三方四正後，還需斗數獨有的演繹方式，才能做最後定奪，並非單宮或單星，可以推算正確答案的。

不只星曜賦性論特質論命運，這種雜技式的推算方式，鋪天蓋地的流傳於斗數界，刻板的星曜賦性，不需經過推算過程，直接給予答案，使很多人趨之若鶩。

還有人在斗數起源於何處，大作文章，再者就是標新立異，宮位地支也可以拿來論命，宮干可以自化，忌星滿天飛來飛去，這些光怪陸離的方法，都違背斗數創立的原義。

其實斗數論命在於以實用為原則，能否判斷成與敗吉或凶，才是論命的目的，空談祿命術的來由、架構，都沒有任何意義，畢竟，這門術數，所流傳下來的資料有限，無法一窺究竟，與其各說各話，不如以實際命盤演繹來驗證，是否可以實際運用在事情結果的推論上這是唯一的驗證法則。

俗語說：術法無罪，罪在人心！一切術數都有其存在的功能，就看使用者，如何靈活運用其推算方式，一切還是端看個人對術數演繹方式，掌握多少而定！

不變的星曜與質變的特質

紫微斗數命盤中的星曜，如：紫微、天機、貪狼、破軍等都只是元素之一，就像英文中的字母 ABCD，元素無法產生質變與量變。

所謂的質變是指事物的本質，或者性質發生的變化，而量變是事物的屬性發生較小的變化，而本質或者性質沒有發生變化。

每一個英文字母，都不具有單獨的含義，B絕對不是Bank，除非b加上a加上n加上k，才會有Bank的答案，同理，B也絕對不是Book。

每一顆星曜在命盤中，只是元素，由於元素沒有質變與量變，所以使用星曜賦性來談論個人特質，等於是將不同特質的人，定義在相同的星曜上，如此一來，只要星曜相同者，他們的特質都要相同，這與事實不符，也經不起邏輯學的檢驗。

紫微星不是領袖之星，無論在政壇或商場上，任何星曜的領導者都大有人在，絕對不是紫微星的專屬，貪狼也不是桃花星，任何星曜都有風流才子。

每個人都具有獨特的特質，特質的養成，集種族、家族遺傳、成長環境、家庭背景、教育程度等之大成，絕對不是區區一顆斗數星曜可以涵蓋的。

佛教的依通與斗數論命

接觸斗數論命沒多久，我個人一直有一個信念，就是確定命盤沒有決定任何人的命運，原因在於，同時出生的人，命盤必然一模一樣，很多人有相同的命盤，但是他們的命運卻是完全不相同，經驗告訴我，無法在沒有當事人個人提供資訊之下，從一張命盤來判斷命盤主人翁的命運，如果單一命盤可以推算命運，相同命盤的人，就要百分之百擁有完全一樣的命運，事實上，這是絕對不可能發生在這個世上的。

既然命盤沒有決定命運，那麼命盤是要用來做什麼用的，當為人論命時，問命的當事人，與推算的論命者，兩人之間必須有一個論命的溝通工具，此時這個工具就是斗數命盤。

醫生要為病患診斷何種疾病時，必須使用聽筒、X光片、超音波掃瞄等，醫生發揮臨床經驗，判斷疾病的種類，然後根據病情對症下藥，以期盼能夠為病患藥到病除，以免危害未來的生命。

斗數論命與此類似，論命者從望聞問切中，配合當事人所提供的資訊，依據命盤的觀察，得知當事人會有何種喜禍之事發生，明確告知當事人，喜事當可敞開雙手迎接，禍事則必須避之唯恐不及，以免災難臨頭。

醫生使用聽筒、X光片、超音波掃瞄診斷病情，命理師使用命盤為人論命，這種行為便是佛教所說的五種神通，其中之一的依通。

佛教有五類神通：報通、修通、鬼通、妖通、依通。

何謂依通？就是指依靠藥力或咒術表現出來的神通。斗數論命憑藉命盤可以得知當事人未來成敗好壞、吉凶禍福，這種推算命運的方式，也是佛家所說的依通。

醫師判斷病情，當結果準確時，是聽筒、X光片或超音波掃瞄等工具判斷出病情？還是醫生憑其醫療專業培養，診斷病人的經驗累積，正確判斷病情？

同樣道理，論命者依靠命盤論命，推算出來的結果準確時，是命盤的功勞，還是論命者自身命理基礎紮實，經驗累積豐富？

命盤無法跨越的鴻溝

斗數命盤是以個人的出生年月日時排列而來，命盤所代表的就是當事人，與任何第二者無關。

況且斗數祿命術的定義，命盤並沒有決定命運，因為相同命盤的人很多，無法只是從單一命盤決定當事人的命運，必須輸入許多當事人個人資訊，才能推算結果。

既然命盤都無法決定當事人的命運，如何從命盤推算其他人的命運呢？有些人竟然誇稱當事人的官祿宮就是配偶的事業宮，說一句難聽的話，連當事人的事業都無法精準探討，還狂妄的想越界去推算配偶的事業？

為何說命盤只能推算當事人，而無法推算其他人的命運，原因無他，父母宮要推算父親還是母親？兄弟宮要推算兄弟姊妹中的哪一位？子女宮到底要推算兒子還是女兒？這些命盤以外的第二者的命運，絕對不是命盤所能主宰的。

面對所謂的斗數大師，我提出命盤以外的第二者，如何從命盤精準推算，到目前為止，我還沒遇到有哪一位高手敢在我的面前表現一下他們的功力，都是說歸說，真正遇到我所提出的問題，哪一位不是當場啞口無言跟啞巴一樣呢？

每一張命盤都沒有決定當事人的命運，就是在於相同命盤的人很多，無法判定是哪一位的命運，一切視當事人如何呼應命盤而決定成敗榮枯，這些異想天開者，卻誇稱能夠推算命盤以外的第二者的命運，實在是笑掉人家的大牙！

紫微斗數？

當人們遇到阻礙或挫折時，往往會面臨不知所措的困境，相信是古人有感而發，於是許多針對困境是否能夠化險為夷、反敗為勝的祿命術孕育而生。

大家所知名氣響亮的祿命術，且被使用廣泛的有紫微斗數與子平八字，然而兩者祿命術的核心理論，與推算方式截然不同，且無法結合起來使用，也就是所謂的合參，因此標榜兩者合參者，簡直就是狂妄自大，這就是典型的道不同不相為謀！

如今，對人類命運可以發揮指點迷津，也可以指引人們走向趨吉避凶之路的兩種祿命術，不只無法登學術界的大雅之堂，竟然淪落為躲在暗巷的江湖術士謀生的工具，有一種見不得人的感覺，令人不勝唏噓。

術數沒落的原因在於，研究術數者，喜歡虛誇與膨脹術數功能，且其命理論述都經不起現代邏輯學的檢驗，無論如何吹噓，就是提不出實實在在的科學依據，與紮實的理論論述，讓大眾心服口服。

許多知識份子認為祿命術就是無稽之談、怪力亂神、不具有邏輯思維等，事實上一點都沒冤枉術數界。

斗數祿命術無法故步自封，侷限在自我陶醉的刻板論命方式，必須昂首闊步徹底改頭換面，重拾科學理論基礎，符合邏輯推理的原則，這門獨特的祿命術，才能發揮其原有的真正功能！

難以突破的斗數論命？

接觸任何傳統術數，並非一定要當謀生工具之用，如果可以對自己的命運有所幫助，甚至達到趨吉避凶的效果，絕對是好事一樁。但是如果只是學到皮毛，就另當別論。

接觸斗數祿命術的人，多到不勝枚舉，但是真正論命揮灑自如，答案正確的又有幾人？絕大多數的人，都還是停留在似懂非懂的階段。

斗數祿命術難以突破，所面臨的困難之處，在於要如何透澈了解它的獨特理論？明白它所標榜的功能何在？還有它與眾不同的推算方式！

在沒有完全理解這些基本結構之前，對於這門術數只能說是一知半解，稱不上精通斗數祿命術。

時下很多斗數的命理論述，缺乏實際命盤驗證，也缺少統計與歸納，何種論述可以運用，何種說法是無稽之談，從來沒有人在這方面做深入嚴謹的探討，卻是一窩蜂發表未經檢驗無誤的文章與書籍，這些文字論述，錯誤百出、自我矛盾，這是一種誤導初學者，走入死胡同，而無法一舉突破的關鍵所在。

學術得受公評，只要公開發表的文章或書籍，其中內容無法實際運用，就必須經過他人的檢驗，在眾目睽睽之下，難逃受到嚴厲批判之下場。

斗數界並非如此，從抄襲而來的文章，大家爭相發表與出版，這些文章的理論基礎薄弱，實在是經不起邏輯的檢驗。

現代人教育水準不低，應該具有辨別是非的能力，但是對於許多錯誤的文章，所依據的理論從何而來？這些論述可否實際在論命時，發揮其應有的作用，卻充耳不聞，依然照單全收，完全失去辨別是非的能力，這種無視對與錯的行為，實在是耐人尋味！

不堪一擊的星曜賦性

每一本斗數書籍，每一位斗數教學者，都告訴我們，要進入斗數論命的堂奧，星曜賦性是最基本的條件，然而，事實果真如此嗎？

相同命盤的人夫妻宮必然相同，有人一生只有結一次婚，有人離婚後再結婚，有人一輩子單身。

星曜賦性強調夫妻宮坐什麼星曜，就會有什麼樣的配偶，當面對一輩子單身者，包括出家修行的人，他們一樣擁有夫妻宮，此時星曜賦性要做何解釋？

一生結婚超過一次的人，每一次配偶的對象必然不相同，然而他卻只有一個先天的夫妻宮，一個夫妻宮要如何詮釋他不只一位的配偶？

由這些例子的邏輯推理，就可以了解，夫妻宮的星曜，並沒有能耐決定配偶的特質，以星曜賦性談論配偶，這種謊言不攻自破！

其實命盤的星曜無法推算人的特質，由於相同命盤的人眾多，這些人的特質不會相同，更遑論推算命盤主人翁以外的第二者呢？由此邏輯推理，就可以否定星曜賦性推算特質的說法。

所以無論星曜賦性如何論述，文字描述的多彩多姿，或解釋的活龍活現，都是瞎掰胡扯的文字敘述，也是自我憑空想像、杜撰的產物。

很多斗數研究者，開始接觸斗數祿命術，就一頭栽進星曜賦性的陷阱，越陷越深無法自拔。

由於星曜賦性的理論不堪一擊，沒有邏輯推論可言，讓我這個三十幾年前，初生之犢不畏虎的斗數初學者，開始在報章雜誌發表否定星曜賦性的文章，而引來一群斗數教學者一片撻伐，然而他們也提不出，反駁我否定星曜賦性的文章，做完整且立得住腳的星曜賦性理論論述。

騙己也騙人

紫微斗數星曜賦性的書籍作者與教學者，哪一位不曉得星曜賦性論特質，根本無法適用在，相同星曜在命宮，這些人特質會相同，但是他們依然著作與教學，這種人只能用一句話來形容，就是騙己也騙人，欺騙自己再欺騙別人！

這個世上同時出生命盤相同，不同時出生命盤也有相同的時候，如果只以主星來談論星曜賦性，那麼全世界七十億人，共用一四四張命盤而已，平均一張命盤是五千萬人共同擁有，以紫微星來說，命宮是紫微星的人就有五千萬人，貪狼星、天機星甚至是天梁星，都是平均有五千萬人擁有。

以星曜賦性談論當事人特質，這個特質也就是平均有五千萬人一模一樣，這種簡單的邏輯思維，沒有接觸斗數的人也知道，相同星曜的人特質不會相同，這個道理好像只有斗數書籍作者，與教學者一竅不通！

區區幾顆星曜，就想含括全世界七十億人的特質，這種思考模式，只能以異想天開四個字來形容，不知是否還有更好的形容詞？

星曜賦性的實際，都是抄來抄去，剽竊他人的著作，侵犯他人智慧財產權，然而最可笑的是，就算原始作者擁有智慧財產權，這些著作卻是傷害初學者的書籍，感覺有史以來，學術界好像還沒有錯誤的書籍，還是很多人源源不斷的在盜版出書，不僅浪費紙張、油墨、印刷，還自以為是巨著出世！

這些作者與教學者，自己上當受騙也就算了，偏偏他們不到黃河心不死，也開始騙讀者與學員，這種騙人的伎倆一直流傳至今！

再談荒謬的星曜賦性

說說斗數荒謬的星曜賦性，給大家參考。

貪狼星：

現實多慾，貪圖不厭，好動圓滑，八面玲瓏。具有多重人格，聰明、細心。適合往演藝路線發展。注重人際關係。相當愛好自由，不喜拘束。貪狼所在的宮位，常為慾望之所在。是一顆足智多謀的星曜，象徵「桃花」的現象，是第一大桃花星。

說這麼多廢話，不知有幾個人聽得懂到底在描述什麼？說貪狼星適合往演藝路線發展，那麼我們比對一下，現在演藝圈知名人物，是否都是貪狼星在命宮的人，如果有知名的演藝人員，不是貪狼星在命宮，那麼是否立即推翻這種一竿子打翻一條船的說法？

至於現實多慾、貪圖不厭、好動圓滑、八面玲瓏。絕大多數的人，都具有這種特質，難道這些人都非貪狼坐命宮不可嗎？其他星曜在命宮的人，就沒有這種特質嗎？誰說桃花是貪狼的專利，其他星曜的人，就沒有桃花了嗎？

紫微星：

災厄、可延長壽命。是領袖人物，體面高貴，有統御能力，而且也是能夠獨當一面的人。有豐富的生命力，優越感榮譽心及偉大的使命感。喜歡發號司令，支配別人。也很有事業慾，企圖心強。

檢驗一下台灣的政壇上，哪一位是紫微星在命宮？不是紫微星在命宮的人，就不能領袖群倫當總統嗎？

為何既是災厄又能延長壽命？難道長壽者，只是紫微星的專利，其他星曜的人，都無法長壽了嗎？

這種胡言亂語、瞎掰胡扯的星曜賦性論述，實在是斗數祿命術之恥，然而還有絕大多數的人，迷思在這濃霧中！

斗數導讀？

生命不停止的往前，未來是不可預知的，前面是坦途或是崎嶇不平的道路？任誰都想預先了解，然後進退有據，立於不敗之地。

研究斗數祿命術，就是預先探知未來的走勢，然後邁向趨吉避凶之路。

斗數命盤由於是很多人共同擁有，所以命盤並沒有決定每個人的命運，否則相同命盤者，命運必然要相同，研究斗數論命，不僅要有紮實的理論基礎，還需有循規蹈矩的推算方程式，絕對不是靠臆想、猜測而得出正確的答案。

許多斗數教學者，異想天開的以為，只要背誦星曜賦性牢記格局構造，就能精通斗數祿命術，這種幼稚的想法，實在是有辱這門獨特的術數。

時下一些斗數書籍，書名為所謂的導讀，就是指引初學者了解斗數基本架構，如紫微斗數導讀、斗數導讀入門篇，內容千篇一律的都是星曜賦性與格局，甚至許多教學者，將這種不入流的書籍，當作上課的講義，這種誤導初學者的書籍，成為入門的導讀，實在是天大的滑稽。

請你捫心自問，閱讀完這些書籍，是指引你進入斗數堂奧的殿堂，還是讓你陷於無法自拔的處境？

地雷？

當你知道前面埋了一枚地雷，是要拐個彎以免踩到地雷，避免地雷爆炸？還是直接踩上去讓地雷爆炸，讓自己粉身碎骨？

斗數祿命術，命盤所呈現的化忌星，猶如暗示我們前面有地雷，在等待我們去踩踏，還是要避開。

地雷埋伏在前方，就像忌星一樣，取決於你要繞道而行，還是直接硬碰硬？命運好壞的區分，就在這一瞬間。

遇到忌星必然會有不順與阻礙之現象，但是並不表示必然會遭逢重大的挫折，只要能依循命盤的走向，去閃避不吉祥之徵兆，還是可以轉危為安，這才是研究命理最大的收獲。

星曜賦性不會告訴你前面有地雷，也不會告訴你如何趨吉避凶，所有星曜賦性的論述，都是無中生有、瞎掰胡扯，如果想步入斗數靈活論命的行列，唯一的方法只有放棄它！

無論哪一種術數，包括子平八字、梅花易數、奇門遁甲等，哪一種術數不需經過演繹方式，才會有答案，為何紫微斗數的星曜賦性，不需經過推算程序，就有結果產生呢？聰明的你好好思考一下吧！

忠心與能幹

假如你是一位老闆，有員工（屬下）四個人，分為ＡＢＣＤ。對你來說四位員工會有四種情形發生，Ａ既忠心又能幹，Ｂ很忠心但是不能幹，Ｃ很能幹但是不忠心，Ｄ不忠心也不能幹。

探討屬下屬於僕役宮所執掌之宮位，但是忠心與能幹是兩種完全不同的表現，一個宮位無法同時探討兩種功能，如果要推算哪一位忠心，哪一位能幹，哪一位不忠心，哪一位不能幹，此時要如何著手呢？

斗數祿命術的功能在於趨吉避凶，如果在應徵員工時，即時輸入應徵者個人條件到你的命盤中，可以立即發現此員工是否忠心、能幹，如果有不忠心或不能幹的結果顯示，避免僱用後有所困擾，在事情發生之前，就可以不錄用，以求一勞永逸。

能幹與忠心是不同的表現，也是不同的選項，無法在一個僕役宮裡同時推算，必須運用僕役宮與另外的宮位一同探討，除了僕役宮以外，你認為哪個宮位最適當呢？

僕役宮與另外的宮位，哪一個宮位探討忠心？哪一個宮位探討能幹呢？這都是研究斗數者所必須釐清的，否則遇到一位老闆要得知這些答案時，要如何指點迷津呢？

根枝葉的牽引關係！

紫微斗數命盤分先天大限流年三種層次，就像一顆大樹分為根枝葉。

根深埋在地裡，無法判斷是腐爛或旺盛，必須由枝的茁壯與葉的茂盛才能確定。葉的茂盛必須仰賴枝的茁壯，所以枝是根與葉的主宰。就像先天命盤沒有決定命運一樣，要視大限走勢強弱的引動，流年只是大限十年中的一年，也受大限牽引，無法獨立運作。

大限化祿進入大限三方四正，表示大限行運強，但是大限忌星卻進入先天命盤的三方四正，表示根被摧毀，根基不穩，此種大限成功之路倍增艱辛。反之，大限忌星進入大限三方四正，祿星進入先天命盤三方四正，會呈現根穩枝枯萎，根基穩不會有兵敗如山倒的現象，但是大限受到忌星干擾，會有有志難伸之感慨。

先天強、大限強，流年弱，根與枝幹茁壯，樹葉卻無法茂盛，這種情形會產生，滿懷成功希望最後卻落空，先天強、大限弱流年也弱，不至於會慘敗，但是會形成寸步難行，先天強、大限強流年也強，就是根穩、枝幹茁壯、樹葉茂盛，呈現一片欣欣向榮的景象。

先天、大限、流年三種層次的互相引動，牽一髮而動全身，絕對不是單從先天、大限、流年的宮位就能決定最後結果！

個人私領域條件會影響命運嗎？

每個人都擁有可讓人知，與不為人知的私領域，讓人可知的包括長相、體格、身高等，不為人知的有思想、價值觀、人生觀等。

雖然科學證明個性會影響命運、人在衝動時所做決定，也會影響成敗的結果。可是斗數論命在探討事情最後好或壞的結果時，並不考慮這些會影響命運的個性、情緒，因為個性、情緒無法化為具體輸入到命盤的條件。

斗數論命推算每件事的吉凶禍福，只能使用斗數既有的演繹程式，與演繹程式無關的影響因素，並不列入考慮範圍，如個性、出生地、祖先風水、成長環境、教育背景等，因為沒有人可以在命盤中，輸入當事人的個性，輸入出生地台北或高雄，輸入大學或小學畢業，輸入成長家庭是富貴還是貧賤，這些私領域都是命盤無能為力的。

斗數推算事情結果，排除這些個人私領域條件，有人在論命時，強調這些私領域會影響同時出生命盤相同者不同的命運，其實這些都是無法分辨相同命盤不同命運的推諉之詞，因為斗數祿命術，在區分相同命盤者卻有不相同命運時，已經具備輸入當事人某些個人資訊就可完成任務，無須再牽扯與命理無關的條件。

忠言逆耳？

數學演練 5x6=30，不能將答案三十牢記心中，因為下次是 4x8=32，答案會不一樣，由於數字乘以數字隨時在變化，答案也跟著不一樣，需要背誦的不是答案，而是九九乘法表，斗數論命也是如此，論命不是在背誦答案，重點在命理結構與推算過程。

斗數的星曜賦性論個人特質，就是在背誦答案，而沒有考慮每個人不一樣的特質，定性的星曜賦性與不定性的個人特質，是無法畫上等號的。

星曜賦性論個人特質無法捉摸，就是因為每個人的背景不一樣，而造成每個人的主觀、客觀條件不相同，影響每個人的價值觀與人生觀。

相同星曜在命宮的人，由於價值觀與人生觀不相同，以命宮星曜來推算個人特質，簡直是睜眼說瞎話！

紫微斗數研究，必須深入了解其命理結構、功能何在、演繹過程，許多命理結構有揑造之嫌，就必須修正或捨棄，命理功能並非無極限，有的事項命盤無法推算，不必勉強為之，追求正確答案之前，必須經過演繹程式，沒有演繹程式所求出的結果，都牽涉到猜謎，猜謎的結果會出現這次準確下次不準確的窘境。

沒有推算過程的星曜賦性，不可能推算個人特質與命運，命宮坐什麼星曜，絕對不會影響個人的特質與命運，聽得進這些忠言逆耳的人到底有多少呢？

旁門左道

斗數界近年來有人提出祿是因忌是果，科權是過程。這種思考模式憑空想像，毫無任何邏輯可言。

世間事絕大多數站在二元對立的局面，凡事不是成就是敗，股票不是漲就是跌，人類不是男就是女，動物不是雌就是雄，斗數論命也是二元對立的局面，事情不是好就是壞，投資不是成就是敗，命盤呈現二元對立的就是化祿與化忌。

化祿與化忌是對立的，化祿代表順利、成功，化忌代表挫折、失敗，何來祿是因忌是果之因果關係呢？

化科與化權，在二元對立的立場上，既無影響力，也沒有發言權，又何來是因果之間的過程呢？此過程又要如何定義呢？

任何一件事情成功或失敗，其中的因素很多，斗數論命可以推算最後結果成功，但是無法推算成功之因素從何而來，也可以推算最後失敗的結局，但是一樣無法推算失敗的原因。好比公司倒閉關門，原因有可能是人謀不臧、資金週轉不靈、產品不適合社會需求等，但是命盤無法呈現這些徵兆，命盤只能告訴我們最後是失敗。

斗數論命有一套獨特的理論，與嚴謹的推算方式，不是胡亂更改、胡思亂想就能擁有一套正確的演繹系統，只是讓人感覺窮途末路，無法推算結果而另闢旁門左道罷了！

星曜賦性的迷思？

當你面臨事業挫折與阻礙，步入虧損或關門大吉的危機時，該怎麼應對難關？甚至反敗為勝？

事出必有其因，面對如此的處境，如何從命盤追究事情所發生的原因從何而來？進而加以改善，以期盼化險為夷，最終撥雲見日呢？

從命盤觀察可以得知原因出自何方，然後加以修正，只要應對適宜，往往都能反敗為勝，然而絕大多數人所迷戀的星曜賦性，在這個關鍵時刻，絕對沒有指點迷津的能耐，就算某某星曜在官祿宮，又能代表什麼含義呢？能夠解決面臨的困境嗎？

多年來許多跟我連絡的報紙讀者或網友，幾乎眾口一致的告訴我，他們閱讀許多書籍，內容大同小異，都是在星曜賦性上下功夫，閱讀再多書籍也無法增進斗數論命的技巧，這些人也懷疑為何星曜賦性的書籍，一本接一本的出版呢？

事業遇到阻礙，原因不外乎(1)人謀不臧，(2)資金週轉不靈，(3)產品不符合市場需求，(4)時運不濟。

從命盤觀察阻礙之原因，可以準確推論原因出自於何處，然而星曜賦性此時可以做什麼用途？可以發揮它的功能嗎？

從年輕時開始接觸斗數祿命術不久後，我就完全否定所有的星曜賦性，這種否定並非無的放矢，因為運用很多命盤的實際對照，與邏輯學的驗證，認為星曜賦性就是後人添加，偽造而來的，絕對不具有任何參考價值。

我從來沒有迷失在星曜賦性的迷霧中，也沒有被星曜賦性所困惑，論命時堅決果斷的排除星曜賦性，從此在斗數論命的路途中昂首闊步！

斗數的理論與功能

任何學術要深入研究，首先必須有堅實的理論為基礎，理論錯誤，再怎麼研究都是徒勞無功！

研究斗數祿命術也是如此，如果基礎理論不正確，等於浪費時間，基礎理論包括，斗數的架構、功能、演繹程式缺一不可。

研究斗數祿命術，必須了解斗數最基本的理論是什麼？

斗數要追求事情的答案，不是以星曜賦性為論命主軸，而是必須結果繁複的演繹方式，才能求出事情的最後結果，就像數學中的$(a+b)^2=a^2+2ab+b^2$，如果沒有演繹方程式，a永遠是a，b永遠是b，不具有任何含義存在，星曜賦性也是如此，並不具有論命的功能。

許多星曜賦性的書籍，都標榜是邏輯的星曜賦性，其實最沒有邏輯思維的就是星曜賦性，將生命化為填充題，只要命宮是某顆星曜，此人就會有什麼特質與命運，這種狗屁倒灶的言論，竟然被一些知識水準不低的研習者奉為圭臬，不知是應該驚訝還是可悲？

斗數命盤既然有先天、大限、流年三種層次的設計，必然有其各自的功能，功能的運用方式不能混為一談，什麼事由先天主宰，什麼事由大限支配，什麼事由流年掌管，各施其所。

如果斗數的理論與功能，都無法清晰理解，請問研究斗數論命術要幹什麼呢？

今生的修為，決定來生的去向

佛家說：「今生的修為，決定來生的去向」！意思是來生要上天堂、下地獄，由今生修為來決定，也告訴我們命運是未定之數，一切看個人的所做所為而定。

同樣道理，在斗數界我提出：「今天的選擇，決定明天的命運！」這句話也是忠告斗數研習者，命盤沒有決定命運，未來的成敗好壞、吉凶禍福，完全掌握在當事人手中。

選擇以後才會有結果，沒有選擇就沒有答案，許多人丟出一張命盤，就是問未來婚姻狀況如何？何時可生小孩？這種提問者，完全忽略了，選擇跟誰結婚？選擇跟誰生小孩的相對應的對象，婚姻不是一個人可以單獨為之，生小孩也是如此。

沒有選擇結婚，就沒有婚姻狀況可言，沒有選擇開公司，就沒有事業成敗可言，要推算任何事項，必須提供相對應的資訊，否則靜悄悄的命盤，是沒有任何答案的。

一般斗數研習者，犯了論命的大忌，以為從命盤觀察，就可以一窺端倪，生命歷程的一切，全部呈現在命盤，諸不知，命盤沒有決定命運，在當事人在沒有選擇之前提下，是沒有任何結果的。

斗數論風水

三十年前無意中，發現紫微斗數論風水，無論是推算住家、商店、辦公室周圍環境，或在使用空間佈置五行格局，效果勝過傳統風水各門各派。

斗數論風水，排除青龍、白虎、朱雀、玄武，山形地勢等，讓現代人無法接受的理論。

從斗數命盤觀察住家、商店、辦公室等，個人使用場地的周圍環境，有其準確度，這是傳統風水學無法達到的境界，且也可以運用借盤之法，推算周圍環境，有令人不可思議之感覺。

運用斗數命盤佈局室內空間五行，簡單、明瞭、有效，且在短時間內效果顯著，令人匪夷所思。

許多星曜在推算室外周圍環境時，會呈現前方、後方、左前、右前、左後、右後明確的地標、如山川、河流、池塘或地上明顯建築物。

古人的智慧結晶，在紫微斗數這門論命是中展現無遺，不僅在論命時可以推算吉凶禍福，還可以指引趨吉避凶，在探討風水時，不僅可以推算室外周圍環境，也可以在室內擺設五行格局，很快能夠制止所面臨的厄運，改善運勢，往往有異想不到的良好效果。

災難臨頭？

紫微斗數命盤先天有祿星忌星，行運的大限也有祿星忌星，每一年的流年也有祿星忌星，三種祿星忌星有交集的時刻。

雖然命盤沒有決定命運，一切視當事人如何呼應祿星與忌星所在宮位的相關事項，然而斗數研究者與一般非斗數研究者之大眾，在不知不覺之下，無意中呼應了與忌星相呼應的事項，絕對會招來挫折與災禍。

忌星呈現的是失敗與挫折，祿星代表的是成功與順利，任何人都沒有能力將命盤中的忌星讓它消失無蹤，只留下祿星，所以忌星永遠在等待當事人去觸動它，一旦引動忌星，必然逃不了災難臨頭，所以俗語說：世間事不如意十之八九，這句話是對忌星影響每個人命運的最佳寫照。

任何人都沒有能力讓忌星消失在命盤，是否表示表示生命的歷程中，必然遭逢許多災難呢？然而在人生過程，我們也遇到過不少人一生平平順順，難道他們的命盤就沒有忌星嗎？

忌星存在好像在警惕所有的人，地雷就在前方等著你去踩踏然後爆炸，讓你粉身碎骨？其實也不盡然如此，俗語說：天無絕人之路，不正是在暗示我們，路不轉人轉，此路不通另闢蹊徑，生命沒有必然，就看你如何看待命盤的忌星，進而去扭轉乾坤，否則研究斗數祿命術，就只有等著災難臨頭嗎？

科學的學術與傳統的算命術

傳統的祿命數與一般科學學術不同，紫微斗數與數學、化學、物理、醫學甚至是心理學都毫無任何瓜葛。

數學是利用符號語言研究數量、結構、變化以及空間等概念的一門學科。化學是一門研究物質的性質、組成、結構、以及變化規律的基礎物理學科。物理學是研究物質、能量的本質與性質的自然科學。醫學是以診斷、治療和預防生理和心理疾病和提高人體自身素質為目的的應用科學。心理學是一門研究人類以及其他動物的內在心理歷程、精神功能和外在行為的科學。

祿命術包括子平八字、紫微斗數，是探討生命行進中，當一個人決定了某種事項的選擇，而欲進行時，所面臨的每一事件的成功或失敗，興盛或挫折。

很多人說祿命術是另類的心理學，這種說法是魚目混珠，因為心理學是一門研究人類以及其他動物的內在心理歷程、精神功能和外在行為的科學。我們要了解心理歷程、外在行為、精神功能，這些心理學所涵蓋的功能，都無法以質或量衡量，更無法呈現好壞成敗的對比，紫微斗數的功能在於，推算對比式的成敗好壞的結果，至於行為、精神、心理這些方面斗數命盤無能為力探討，所以論命與心理學兩者無法雞兔同籠！

紫微斗數的核心價值在於，當一個人決定進行某件事時，如結婚、投資、合夥、交友，命盤結合當事人所呼應的事項時，命盤就會呈現吉凶禍福、成敗得失的結果。

斗數的創立，對於探討疾病的種類無能為力，所以與醫學無關，斗數論命的演繹方法變化無窮，不是固定不變的方程式，如九九乘法表，所以與數學無關，斗數推算的是個人生命歷程中的榮枯，與物理化學更是無關！

偽書？

清末民初的梁啟超，將重要之偽書，已定案、未定案、全部偽、部分偽、人名偽、書名偽等做了一系列的統計。

像《史記》這樣，不論有多少內容是後續者混進的，問題還不甚嚴重，最嚴重的是直接以前人、名人的名義編造的偽書。這類偽書不少至今還被我們視為「國學經典」。為易學者青睞的《易卦》，便是著名的偽書，託中國古代的人文始祖、大概生活在新石器時代的部落領袖伏羲的名。類似為行業人士重視的偽書還有：醫學經黃《本草》、《內經》等。

許多古老著名書籍，都牽涉到偽造的嫌疑，連史記都無法逃脫，那麼在研究紫微斗數祿命術時，是否思考過，斗數是否部分偽、人名偽呢？許多到了現代都無法理解的書中論述，是否被有心人刻意添加呢？

別的不說，斗數的星曜賦性與格局，依我個人研究後深入了解，都是在流傳過程中，被任意添加進去的，因為以現代人的邏輯思維來檢驗，星曜賦性與格局，跟斗數論命完全是風馬牛不相及，在論命時也無法發揮書中描述的實用價值。

因為到目前為止，還沒有人能夠運用星曜賦性，準確的推算個人的特質與命運，都只是淪於口舌之爭而已。

到目前為止，很少人質疑斗數古書中錯誤的內容，更沒有人懷疑，許多文字敘述是經過偽造，一窩蜂認為古人流傳下來的都是至寶，都是經典之作，沒有辨明真偽就照單全收，以至於星曜賦性如今還是被絕大多數研究者奉為圭臬！這是斗數發展最大的絆腳石！

實盤推算？別被騙了

許多人爭論紫微斗數共有多少張命盤，用粗略的統計方式，以出生年的六十甲子乘十二個月份，再乘三十個日子，再乘十二個時辰，總共大約是259200張命盤，其實這種算法並不正確，因為斗數命盤地支並不具影響力，不同年的甲子年與甲午年，同月同日同時，所排列出來的命盤完全相同，如果只以十種天干來計算，總共約有43200張命盤

其實斗數總共有多少張命盤並不重要，別忘了全世界大約有七十億人，任何一張命盤都有很多人相同。

任何一張命盤，並非某一個人獨自擁有的，既然命盤不屬於某一個人，命宮的星曜，當然也不是某一個人獨自擁有，以此類推，星曜的特質，也不是某一個人所擁有，而是全世界很多人共同擁有，既然如此，星曜賦性豈可談論個人的特質呢？

事實上，星曜並沒有任何特質，斗數論命不是以談論特質為重點，而是以推算單一事情成敗為主軸，連一個人終身最後的結局，都無法推論，否則相同命盤者，終身成就就要完全一模一樣。

所以很多所謂大師評論某人是總統命，某人是富豪命，某人是貧賤命，都是無稽之談，這種將命盤定格在某種格局上，無視相同命盤的人，並沒有相同的格局。所以別相信書籍或網路上實盤推算的真實性

斗數入卦法？

任何人只要有出生年月日時，就可以排列命盤，這張命盤可以推算個人吉凶成敗。

然而幾乎所有書籍與研究者，皆認為命盤除了推算當事人命運以外，還可以推算跟當事人有關的其他人，如父母、兄弟、子女等。這種主張好像言之有理，其實是毫無根據的胡思亂想！

命盤主人翁，有父母、兄弟姐妹、子女，還有長輩、晚輩、長官、屬下、老闆、員工、朋友、同學、同事等，除了血緣關係之外，非血緣的人際關係多到不可勝數。

無論血緣與非血緣關係，與當事人的互動關係有別，除了合夥以外，都屬於沒有利害關係之對象，沒有利害關係的人，就不會影響命盤，當事人的命盤，如果可以推算第二者的命運，請問一生中遇到的這麼多人，要如何定宮？

近年來有人發明斗數入卦法，就是將所認識之人，以他的地支帶入命盤，地支之宮位就是此人的命宮，聲稱可以推算此人之命運，試問，同班同學大部分同年出生，一個地支宮位，如何推算這些同學的命運？同事中，也有許多人同年出生，要如何帶入他的命盤？

很多人有堂兄弟姊妹、表兄弟姊妹，萬一其中的堂兄或表兄同年出生，使用入卦法，一個宮位要如何區分堂兄與表兄的命運？

個人的命盤，唯一功能就是推算個人的命運，絕對無法推算其他人的命運，包括父母、兄弟、子女、配偶的命運，都不會呈現在你的命盤中，命盤唯一可觀察的是，所有的人際關係與當事人接觸後是否融洽而已，絕對沒有能力推算命盤以外第二者的命運！

研究斗數的目的

祿命術的發明，為了輔佐人類在生命歷程中，了解自己當時的運勢，避免走向挫折、失敗之路，進而往成功與榮華富貴之路前進！

成功與失敗的關鍵，都在於個人的抉擇與受到他人的拖累，很多事個人無法完全掌握，而受制於第二者，如婚姻狀況幸福與否，受到配偶的左右，合夥事業是否盈虧，受到合夥人的影響，由此可知，個人的命盤，並沒有決定個人的命運，還需命盤以外的影響因素。

研究斗數就必須達到精通的程度，無法精通時，對事情的判斷有不準確性存在，不只無法利己也無法利人，如果推算事情的結果，都是似是而非、模擬兩可的情況，無法準確判斷事情最終結果，研究紫微斗數祿命術，就失去意義，此時不如乾脆放棄。

學術研究最忌諱似懂非懂，如果只是存著好玩心態，當然無所謂，如果一時興起為人論命指點迷津，或為自己解惑，此時恐怕有誤人誤己的嫌疑，忠心勸告非審慎為之不可，因為事關榮枯興衰不可等閒視之。

對於斗數祿命術來說，本應成為大眾化的術數，深入到每個人日常生活中，隨時為自己的選擇做決定，隨時為自己在事業上面臨的困難做排解，指引自己走向趨吉避凶的道路，而不是凡事靠他人指點迷津！

斗數論命的最高境界是如何呼應命盤中所呈現好的徵兆，避開命盤中所呈現不良的徵兆，如此一來，任何人都很容易避免挫折失敗，而走向成功康莊大道！

這才是接觸或研究斗數祿命術的真正目的！

斗數與邏輯推理

斗數有一百多顆星曜，星曜的作用在於組合，從組合中可以判斷陰陽、表裡、左右、男女、上下、前後等二元對立的人事務。

星曜不會代表斯文、秀氣、聰明、穩重、高矮、學歷、仁慈等，這些個人私領域，否則相同星曜的人，這些個人特徵都要一模一樣！

任何事情都有最後的結果，可以清楚判斷是成是敗，是賺是虧，個人的特質卻沒有所謂的絕對值，聰明、仁慈、穩重等沒有具體標準可言，一切因人的角度，而會有不同的判斷。

論命在於得知未來的吉凶禍福、榮枯興衰，一項事業的投資成敗，跟個人特質無關，婚姻的幸福與否，與個人特徵也無關，豈料，目前研究斗數者，皆喜歡在個人私領域著墨，而忽略影響命運好壞的推算方式，令人啼笑皆非。

以邏輯學的眼光來說，如果用Ａ的命宮星曜，可以形容他的特質，與決定他的命運，那麼，只要Ｂ的命宮星曜與Ａ相同，Ｂ的特質與命運就要與Ａ完全相同，在邏輯推理上，這些論述是經不起檢驗的，這麼簡單的邏輯推理，為何現代人竟然被矇騙而不自知呢？

斗數觀念與實盤演練？

許多人問我，有什麼好的書籍可以推薦嗎？我都一口否定，任何斗數書籍，幾乎沒有任何實際值得參考，連我自己的著作，我也不會推薦。

我所著作的書籍，都是在釐清斗數觀念，也不提供命盤然後解說推算過程，內容都是先天、大限、流年宮位名稱相同，如何區分它們不相同的功能，四化星為何只有化祿與化忌可以使用，化科與化權必須摒棄，了解十喻歌的運用方法，最後是算命為何會準確，就是佛教所說的循業發現，這類論述正確斗數觀的書籍，其實才是要踏入斗數研究的最基本概要，不是一般研究斗數者有興趣的，因為他們只沉迷於星曜賦性，而不知斗數論命必須經過推算程序，才會有所結果，並不是星曜賦性可以論命的。

這些內容憑良心講，無法引起廣大的共鳴，因為沒有實盤推演，我個人認為，提供名人的命盤，然後依照命理推算程序，講解為何此人最後會成功或失敗，都是子虛烏有，因為這個世界上與名人相同命盤的人很多，可是其他的人並沒有擁有一樣的名望或命運，這種命理分析，都屬於馬後炮，不值得參考。

至於其他的書籍，幾乎都是在談論星曜賦性與格局構造，這些書籍對研究者，不會有任何幫助，反而會干擾思緒，還有的就是歪理邪論，忌星飛來飛去，根本與傳統斗數論命背道而馳，也不值得閱讀。

既然研究傳統的論命術，就需遵循傳統的命理觀念與推算方式，傳統方式的就可以解決問題，只要是離經叛道的方式，都不值得去浪費時間去研究。

以我個人來說，我從來沒有閱讀任何一本書，頂多翻閱幾頁，觀察內容都是千篇一律的抄襲，我花費很多時間，隨時都在思考，斗數真正的含義與釐清演繹方式，慢慢的豁然而開！

市面上的斗數書籍

市面上所有斗數書籍，內容大同小異，都是如下：

天梁：化氣為蔭，五行屬戊土，乃為廣蔭之星，代表著長壽、成熟、老練。

個性：做事穩重，溫和善良，喜歡照顧他人，凡事為別人著想，個性公正，光明磊落，膽大心細，分析能力強。

貪狼：化氣為桃花，五行屬甲木壬水，乃為多得之星，代表著貪念、慾望，性如桃花。

個性：不拘小節，豪放不羈，主觀意見強，易衝動，生活獨立自主，喜歡新鮮事物。

紫微：化氣為尊，五行屬己土，乃為至尊之星，代表著仁慈、吉祥、福祿。

個性：為人忠厚老成，心地善良，外剛內柔，為人慷慨，一生多貴助，多學多能，有智慧及組織領導的能力。

所有的星曜賦性文字論述，都是以一個人命宮所擁有的星曜，確定他的特質，這些都是廢話一堆，既無法準確，就算準確也沒有影響命運。

這種星曜賦性論述，運用在你自己的命盤中，準確率有多少？是否在包山包海？請問哪一位斗數研究者，論命時會使用星曜五行屬性？星曜的化氣？

我見過天梁星在命宮的人，並沒有成熟、老練。貪狼星在命宮的人，一生沒有桃花，也沒有結婚。紫微星在命宮的人，並沒有為人仁慈、為人慷慨。這些論述要如何自圓其說？讓人懷疑這些文字論述是自我創造？還是做夢而來的？

看一本書與看一百本書的內容完全一模一樣，甚至隻字未改，實在是天下奇觀，嚴謹的學術文章發表，水準竟然是如此的低劣，都是剽竊、抄襲，且文字論述與事實完全不符，就像醜陋的連續劇一直延續下去，真的是丟人現眼！

最近有人出版五本斗數星曜賦性書籍，我敢保證如果面對面，只要一句話就可以讓他啞口無言，我提供我跟我同學相同命盤，命宮星曜相同，然後請作者告訴我，如何區分我們兩人不同的特質，看他如何應答？

斗數論命不在於對命運沒有主宰能力的星曜賦性，而是要深入探討每一件事情的推算方式，有推算過程才會有每一件事情的結果，刻板的星曜賦性沒有演繹程式，怎麼可能有結果呢？

古老與現代

歷史文獻告訴我們，明朝萬曆的續道藏中之「紫微斗數」，其內容並非現代流通之紫微斗數，無論星曜名稱與排命盤方式都不同。

這種不同代表兩個含義，第一個可能是流傳下來的紫微斗數內容，已有所缺少斗數與最早創立的斗數有所不同，第二個可能就是，因為缺失所以後人再做填補，填補後的內容，與原先的面貌已經有所差異。

最古老的紫微斗數，到目前已不可考，也無從追尋其緣由，留存下來的，就是目前大家在使用的紫微斗數。

我個人認為哪一種版本並不重要，重要的是能否使用，是否可以發揮祿命術的功能，如果無法發揮祿命術應有的功能，最後還是要被拋棄的。

文獻說，古老與現代使用的斗數祿命術，星曜名稱和不相同，抽絲剝繭，由此可以得知，現代人使用的星曜，必然與古老的斗數不一樣，那麼我們應該心存疑慮，現代的星曜賦性，是否是有心人刻意偽造、杜撰？以誤導眾生，所以星曜賦性推算個人的特質，毫無準確率可言，並非紫微斗數創立的原意，多少人被騙而不自知。

斗數書籍與師資

目前研究斗數的困境，在於沒有好的書籍可以參考增進實力，拜師學藝也找不到優質的老師。

所有書籍幾乎是大抄小抄、東抄西抄，沒有作者本身的研究心得，都只是在文字論述上大作文章，加以修飾與添加，了無新意，最要不得的是，內容全部錯誤，沒有任何一句話可以在實盤論命排得上用場。

拜師學藝遇到的老師，師資之低劣讓人咋舌，都是脫離不了星曜賦性的論命方式，跟閱讀書籍的意義完全相同，百分之百的老師按圖索驥，照書本內容論述，將星曜賦性形容的有如封神榜。

講一個笑話給大家分享，以前慧心齋主說：天機星在命宮，長相斯文，聰明靈巧，無論對錯，簡單幾句話，一筆帶過，現在出版的書籍：天機在命宮，眼睛很漂亮，長相斯文跟梁朝偉一樣，很有女人緣，聰明如姜子牙，運籌帷幄。

這些鬼扯話的論述，在網路上教學的老師，也如出一轍，一字不漏的照單背誦，如此的書籍與師資，將斗數祿命術，陷於萬劫不復之地，實在是情何以堪？

從斗數看遺傳基因

紫微斗數可以探討遺傳基因，不僅是天大的發現，更是劃時代的創舉！

生命的誕生來自父母，遺傳與父母絕對脫離不了關係，但是在現代醫學的研究上，還有隔代遺傳的因素存在，並非只是父母二人。

在斗數的遺傳基因探討中，劃分的父母兩個系統，父親代表父系遺傳，母親代表母系遺傳，父系包括父親、祖父、祖母，母系代表母親、外祖父、外祖母。

有人外表長相，既不像父親也不像母親，卻像舅舅或是阿姨，也有人像叔叔或姑姑，現代西洋醫學研究，夫妻的基因決定了孩子智商和相貌，也決定孩子的健康、聰明。

遺傳基因的探討，是研究斗數最重大責任的開始，孩子應該在何時懷孕？何時出生，孩子誕生後，是否平安健康，未來是否聰明活潑，甚至繼承父母的專業知識與職業，以斗數來說，確實是可以一窺究竟的。

由於同時出生命盤相同的人，不會在同時往生，生死跟父母條件息息相關，當一個人重病或重大意外事故發生，是否能夠化險為安度過難關，從命盤推算，父母的條件絕對不可欠缺。生命既然來自父母，推算是否死亡，也絕對跟父母有關，也是斗數論命以因推果的原則。

易懂難精？還是難懂易精？

許多人說：紫微斗數易懂難精，這句話其實是錯誤的，我卻說：紫微斗數難懂易精！

為何會易懂難精呢？這些人以為研究斗數很容易入門，只要翻閱書籍，牢記星曜賦性，背誦格局構造，就能夠為人算命，所以要懂得斗數的含義是很容易的，但是要精通就很困難。

其實他們本末倒置，斗數入門要了解其真實功能與意義，不是一般人想像如此簡單、容易，必須花費時間鑽研，然後了解推算演練，不是背誦星曜賦性與格局構造，推算一些個人特質，玩玩猜謎遊戲，就稱之為懂得斗數了，走錯方向當然是不可能精通。

為何我說斗數難懂易精呢？首先要懂得斗數這門術數論命的的含義與目的何在？然後釐清名稱相同的宮位，卻有不同的功能，再來就是熟練論命的演繹方式，經過這些正規程序，才能正確判斷事情的結果，這些命理觀念與推算方式，絕非接觸斗數者所能輕易了解與掌握的，所以入門一開始就很難摸出頭緒，且困難重重絕非輕易之事。

當了解斗數的含義與功能後，配合正確的推算方式，要精通斗數這門術數絕非難事，所以研究斗數祿命術，不是易懂難精，而是反過來的難懂易精！

背道離經？

紫微斗數祿命術，目前遇到一個很奇怪的現象，就是所有出版的書籍，無論是古書或近代出版，都跟實際上的斗數論命背道而馳，完全沒有交集。

閱讀書籍增進知識，拓廣自身的視野，是研究任何學術必經之路，然而斗數界卻不是如此，參考的書籍與實際論命上的運用，完全屬於兩條平行線，沒有任何聚焦之處，採用書籍上的論述，運用在命盤上，完全離經叛道，實在是學術界的一大奇觀。

紫微斗數絕對沒有星曜賦性，也沒有格局構造，但是所有的書籍，哪一本不是盡是在文字表達上，極盡所能的加油添醋？描述的天花亂墜？文字表達精彩絕倫，可是在真槍實彈的論命上，有哪一顆星曜賦性，哪一個格局構造可以派上用場呢？書籍內容與實戰論命，幾乎沒有互通之處，不只讓人傻眼，更是讓人摸不著邊際。

斗數論命的精髓不在於星曜賦性、格局構造、宮位五行、廟旺利陷，而是在宮位功能的確定，與正確的演繹方式，可惜的是沒有一本書籍，清晰的有條有理的，告訴讀者將這些論命道理如何運用於論命上。

醫學上所發表的文章或書籍，都是與研究心得或臨床經驗有關，絕對沒有毫無根據或胡說八道的論述，但是斗數界所發表的文章與出版的書籍，幾乎都沒有在論述上正本清源、條理分明、將正確的訊息傳達給大眾，反而是胡說八道、胡言亂語的文字，充斥著整篇文章與書籍，不知這是什麼心態在作祟？

可安天下？

東漢末年三國時期，當時俗語有云：「臥龍，鳳雛，二者得一，可安天下。」結果劉備兩者皆得，並沒有一統天下，蜀漢最後還是最早滅亡的國家，還有流傳兩千年的長生不老仙丹，到了近代不也消逝無蹤了嗎？所以古人之言不可盡信。

斗數的古老書籍「紫微斗數全書」，與「紫微斗數全集」，都是號稱陳希夷所撰寫，很多人以為，只要擁有這兩本古書，了解內容後，有如秘訣一樣，霎時就能精通斗數，但是這兩本書籍，書中錯字排列及疏漏處不可勝數，以致難以閱讀艱澀、難以理解，沒有人可以清晰解釋其中之內容，也不知所云，因此這些古書，被質疑是後人偽造的書籍，也無可厚非。

捫心自問，就算閱讀完這兩本書籍後，對於斗數了解多少？對於斗數的宮位、星曜的功能，能否運用自如？對於斗數論命的精髓在哪，又了解多少呢？

俗語說：盡信書，不如無書，這句話套用在斗數書籍，實在是真實又貼切，無論古書或近代出版的書籍，沒有一本值得閱讀與參考，閱讀越多反而擾亂思緒，三十幾年來，我所教學過的學員，第一天上課時，我都奉勸將所有書籍拋棄。

我個人抱持一種懷疑的態度，紫微斗數祿命術，真正的論命精髓，在流傳年代久遠的過程中，被有心人隱瞞，所遺留下來的文獻，跟實際論命完全背道而馳，甚至毫無關連，真正的論命演繹程式，與古書、近代書籍所論述的內容，好像是兩個不同的世界，完全沒有交集，這種離譜的事實，是其他學術探討中，完全沒有的現象！

偶然與必然

紫微斗數祿命術的使用方式，與子平八字全然迴異，斗數不採用五行生剋，沒有人了解紫微屬土、天機屬木要如何運用在論命時。

有人以星曜的五行屬性與宮位的五行，產生五行相生相剋，來判斷星曜的強弱，其實是多此一舉，因為在實際算命時，星曜的強弱並不影響事情的成敗，也沒有決定事情的結果。

斗數論命要化繁為簡，必須捨棄星曜賦性、格局構造與宮位、星曜五行的生剋，孰背這些條理，對論命的準確度，沒有任何幫助，只會讓研習者，陷入無法自拔的困境！

放眼當前，接觸紫微斗數者，多如過江之鯽，但是可惜的是，幾乎絕大多數都是似懂非懂，也無法做有系統的命理論述與分析命盤。

斗數論命有其不可取代的演繹方式，推算過程中，有其按部就班的程序，不可任意跨躍成無厘頭的推算方式，沒有正確的命理推算過程，就不可能有正確答案，就算偶爾答案對了，也是猜到的。

論命如果是玩猜謎遊戲，就跟卜卦一樣，答案牽涉到或然率，就會有時準確有時不準確，連自己所推算的答案，都無法確定是準確或不準確，如何為人指點迷津，指引趨吉避凶？

斗數論命有一句名言：偶然一次的準確，並非以後每一次的必然準確，就是提醒研究者，論命的目的，不是追求偶然的一次準確，而是每一次的準確！

如何印證出生時辰？

許多人對於出生時間有疑問，不知是前後哪個時辰，傳統上一般都是排列兩張命盤來比對。

其實兩張命盤比對過去所發生的事情，模擬兩可，我個人使用的方式與眾不同，我都問當事人是否知道父母的出生年次，然後比對最明顯的外在遺傳，也就是外表長相。

這種方法既簡單可靠性也很高，因為人的外表長相，跟父母的遺傳大有關係，從父母遺傳確定前後兩個時辰，也是一種可行的方式。

如果對父母的出生年次，無法確認，那麼如有兄弟姐妹，也可以依兄弟姐妹血緣遺傳做比對，也是一種不錯的方式。

其實遺傳學包括外在遺傳與內在遺傳，外在遺傳包括長相、體格，內在遺傳包括個性、思想、遺傳疾病等，由於內在遺傳可能連當事人都不清楚，所以印證時辰還是以外在遺傳為主。

三十年來，我投入很多心血研究斗數與遺傳基因的關係，不僅能以外在遺傳驗證出生時辰，也可以運用內在遺傳的原理，推算當事人是否將會有父系或母系的遺傳疾病，二十幾年前，在自由時報的命理專欄，論述斗數與遺傳基因時，就預告未來我將患有母系的遺傳疾病，二十餘年後的今天，果真應證了我的說法，我得了母系的遺傳疾病，想躲避都躲避不了，這是血淋淋的經驗，讓我深信斗數探討遺傳基因，有不可否定的準確性。

時間的延續

紫微斗數有化祿化忌，天干乙丙丁、庚辛壬化祿都是機月同梁組合，天干戊己、癸甲，化祿都是紫府相組合，天干甲乙、丁戊化忌為機月同梁組合，天干壬癸化忌為紫府相組合，其中隱藏著什麼含義呢？

時間有其必然的延續性，今天無法脫離昨天，明年無法脫離今年而獨立，一個人要成大功、立大業絕對不是一天或一年就可以達成目標，而是需花費十年、二十年甚至三十年的時間。

論命時，必須考慮時間的延續性，為何有人從布衣到卿相，從貧窮到巨富，他們的成功，絕對不是很短時間可以達成目標，都是在命盤中，呈現長時期的化祿星引動，但是這種連續性的化祿星引動，並非每個獨立的大限化祿，關鍵在於創立「因」的大限。

觀察李登輝、陳水扁的命盤，都是在從政開始的大限，往後連續的被下個大限與下下個大限化祿星引動，都是連續二三十年的強運，於是走向政治巔峰。

由於紫府相組合連續化祿的機會，少於機月同梁組合，在我三十幾年論命的經驗中，無論是政商界，紫府相組合的人，其成就往往不及機月同梁組合，因此感覺跟書本中所強調的殺破狼（屬於紫府相）的人的成就，有很大的差異，也許就是連續化祿的大限少於機月同梁的組合！

大小眼？

斗數命盤有一百多顆星曜，絕大多數的研習者，標榜星曜賦性，可以推算個人特質與命運。

既然星曜賦性如此重要，隨便提供以下一些星曜，試試看有誰能告訴大家，這些星曜的作用與影響力在哪？

如：台輔、封誥、天刑、天姚、天馬、解神、天巫、天月、陰煞、三台、八座、恩光、天貴、天官、天福、天哭、天虛、龍池、鳳閣、紅鸞、天喜、孤辰、寡宿、蜚廉、破碎、天才、天壽、截空、天傷、天使。

相信每個人，看到這些星曜都霧煞煞，根本不知這些星曜的功能，連基本功能都不知道，請問要怎麼使用？

斗數命盤既然有一百多顆星曜，喜歡以星曜賦性分析個人特質的人，應該一律平等看待所有星曜，怎麼老是在幾顆主要星曜打轉，而忘了還有其他星曜呢？

話說回來，既然能夠分析紫微、天機、廉貞等星曜賦性，也應該分析天貴、天官、天福、天哭等星曜的賦性才對，難道天貴、天福、蜚廉就不是星曜了嗎？就沒有星曜賦性了嗎？是不是專挑軟柿子來分析呢？

斗數有一百多顆星曜，都是命盤中的一份子，如果有星曜賦性的話，每一顆星曜都有獨自的賦性，為何只挑幾顆星曜來談星曜賦性，而忽視了其他星曜的存在，是大小眼，還是故意忘掉？

人與人的相處關係

網路上有人提出如下的問題：

『大家如果找對象，認為那些主星組合是您喜歡的呢？』

眾人七嘴八舌論述有：巨門太陽，武曲貪狼，太陰，天機，天梁等莫衷一是。

其實這個問題，本身就存在許多矛盾之處，試想，一位甲先生，跟Ａ小姐或Ｂ小姐的互動絕對不會相同，Ａ小姐認為甲先生很好相處，所以很喜歡甲先生，Ｂ小姐卻認為甲先生很難相處，所以不喜歡甲先生，但是甲先生命宮的星曜組合，並沒有改變，而是Ａ小姐與Ｂ小姐的個人感受，才會對於甲先生有所謂好相處與不好相處的結論產生，這個結論並非由甲先生命宮的星曜來決定，而是Ａ小姐與Ｂ小姐兩個人親身感受，而做出的結論。

由此可知，任何星曜或組合在命宮，並沒有決定當事者與人相處的結果，否則，為何同樣的甲先生，會跟Ａ小姐與Ｂ小姐產生完全不同的互動關係？

命宮什麼星曜，並沒有決定此人的特質、前途、命運，以這種尺度為找對象的理由，保證會吃大虧！

斗數的借盤

常常遇到有些人，不知自己的出生時辰，無法排列出命盤，這種情形之下，要如何為他算命呢？

傳說中紫微斗數可以借盤論命，所謂的借盤，就是將自己的命盤借給當事人使用，然後推算他的命運，但是真正能借盤論命的又有幾人呢？借盤也有必要的條件，就是當事人必須提供哪一年出生。

聽起來很不可思議，其實真實存在卻可以運用的，就看個人是否靈活利用罷了！借盤另外還有一個功能，也可以推算對方住家、商店、辦公室周圍環境與擺設風水五行佈局。

斗數流傳可以論風水，也可以擺設五行佈局，但是閱讀坊間斗數談論風水的書籍，都是以田宅宮為主，連斗數耆宿紫雲先生，也使用此種方式，很多年前，我跟他聊過這個話題，我反對田宅宮可以論風水，我的理由是同時出生命盤必然相同，田宅宮也必定相同，可是他們住家的周圍環境絕對不會一樣，以田宅宮論住家周圍環境不切實際，且斗數不只可以推算住家周圍環境，也可以推算辦公室、商店的周圍環境，如果使用同樣的田宅宮，要如何區分不同場所的風水呢？

許多人不知自己的出生時辰，無法排列出命盤來，一樣可以利用借盤的方式算命，推算住家、商店、辦公室的風水。

命運是填充題？

紫微斗數祿命術的創立，在於推算個人的興衰榮枯，事情的成敗好壞，不是在推算個人的長相、個性與特質。

談到個人的特質，包括長相、體格、身高、個性、學歷、嗜好、思想、工作、價值觀、人生觀，這個世界上沒有人相同，推算個人特質，不可能準確，也是無聊之舉！

斗數論命必須經過繁複的演算程式，才會有結果產生，絕對不是命宮的星曜，決定你的一生。

偏偏絕大多數的人，喜歡以命宮的星曜，推算個人特質與命運；夫妻宮的星曜，推算未來配偶的長相、工作、特質。

命盤只是命運的曲線圖，有吉凶禍福的徵兆出現，但是徵兆並非絕對會發生，都是預警作用，一切看你如何呼應好的徵兆，避開壞的徵兆，然後決定榮枯興衰！

任何星曜沒有特別的含義，如果有特殊含義，論命就不需要複雜的演繹方式，只要運用星曜按圖索驥，標準答案就垂手可得，你認為可能嗎？

斗數論命有其嚴謹的推算過程，也因為每個人呼應不同，即使相同命盤，命運也不會相同，淪落至今，一些不學無術的江湖術士，將論命當作填充題，只要什麼宮位，填充什麼星曜，就能推算命運，實在是侮辱了這門術數！

斗數大師？唉！

只要暢談星曜賦性的所謂大師，或斗數研究者，我從來就沒有將他們視為斗數的專家，只是接觸斗數的膚淺者。

斗數論命必須經過命理推算方式，才能求出結果，星曜賦性是靜止狀態，沒有演繹過程，因此，研究星曜賦性者，非傻瓜即腦筋有問題。

這些人說的頭頭是道，真正面對面，提供他相同命盤，命宮星曜相同的兩張命盤，請他們分析兩張命盤主人翁不一樣的特質，每個人都啞口無言！

斗數牽涉到演繹程式，演繹過程中的任何一個星曜元素，都沒有獨自主宰任何事項的能力，這些人害人不淺，明知星曜賦性自己都無法精準推算，然而卻依然大言不慚的廣為宣傳，真不知居心何在？

網路上有一位所謂電腦科技算命大師，如此主張：

哪些女命無法容忍家暴？

（請參考本命命宮）

七殺：強勢反擊

廉貞：傲骨崢崢

破軍：不受威脅

這種論述又是想當然爾，一竿子打翻一船人，難道其他星曜都不會強勢反擊？傲骨崢崢？不受威脅？強勢反擊是七殺星的專利？傲骨崢崢是廉貞星獨有？不受威脅是破軍註冊商標？斗數論命要追求答案之前，必須經過嚴謹的演繹程式，沒有變化的星曜，可以武斷的設定當事人的個性嗎？這種人竟然稱為大師~~唉！

江湖術士

木頭、鐵釘、石板、玻璃，因緣際會組合起來會成為桌子，將桌子分解後，一切物歸原位，木頭還是木頭、鐵釘還是鐵釘、石板還是石板、玻璃還是玻璃，無法武斷的說鐵釘是桌子，木頭是桌子！

斗數星曜也是如此，個別星曜沒有特別含義，組合起來就會產生很多事與物的變化！

人生也是如此，某人不會永遠停留在原點，會隨著時間不停的變化，而改變自我，包括長相、體格、身高、個性、思想等等，因此命宮的星曜永遠不變，但是個人卻不會終身一成不變，所以以星曜推算個人特質，根本就是瞎掰胡扯。

這麼簡單的道理，在斗數界三十幾年來爭論不休，還是無法喚醒一些癡迷星曜賦性者，令人難以置信！

星曜書籍一本一本的出版，斗數大師依然暢談星曜賦性，其實這些作者與為人師者，都屬於不入流的江湖術士！

人際關係？

每個人所面對的其他人，都屬於人際關係，人際關係分血緣與非血緣關係，血緣關係的有父親、母親、兄弟、姐妹、子女，除了這五親之外，全部屬於非血緣關係。

斗數命盤沒有平等關係的朋友宮，卻有屬下關係的僕役宮，到底是什麼含義？

一位長官或老闆，屬下與員工會有忠心與能幹之區分，忠心與能幹不可能在同一個宮位探討，我個人多年經驗，僕役宮的功能，是在探討屬下、員工是否能幹、得力，與忠不忠心無關，忠心與否歸納在人際關係，也就是遷移宮！。

生命歷程中會有長官、部屬、員工、朋友、同學、戀愛對象出現，這些人全部歸屬人際關係的範疇，因此斗數命盤必定有追蹤人際關係的宮位。

如果命宮代表自己，所面對的宮位是遷移宮，那麼出門後，所面對的就是所有的人際關係，是否應該屬於遷移宮管轄呢？

為何幾年前的好友，最近很疏遠？為何多年前肝膽相照的人，近來反目成仇？這些人際關係的變化，都是因為時間改變所造成，豈能永遠固定在某一個宮位呢？

影響命運的是什麼？

從接觸斗數開始，我就有與眾不同的命理觀念，我個人認為，從母體懷孕開始，命理界所強調影響命運的因素，包括出生地、成長環境、教育背景、祖先風水、祖德等，其實都蘊藏在嬰兒的胎體中，無形的外在因素，影響每個人有形的命運，因此這些外在因素，無法成為輸入到命盤的相對條件。

造成個人的長相、體格、身高、個性、思想等，從懷孕的哪一剎那，就已經注定這世間上沒有人相同，因此，我從來不認為以斗數的星曜賦性，可以推算個人的這些特質！

斗數星曜總共一百多顆，無論如何組成，都不足以代表世界上七十億人，因此得知，命宮沒有決定個人特質，夫妻宮沒有決定婚姻幸福與否，官祿宮沒有決定事業成敗，福德宮沒有決定前世福報。

影響婚姻成敗的是配偶，決定合夥事業賺虧的是合夥人，影響人際關係好壞的是交往對象，配偶、合夥人、交往對象，都可以具體化為天干地支，有了天干就有祿星與忌星，就能輸入到命盤來決定影響的程度，至於福德宮推算福報，是屬於無稽之談，因為沒有人知道自己的前世。

很多人同時出生，命盤絕對相同，也有一些人並非同時出生，命盤依然相同，相同的命盤不會有相同的命運，成敗之間的差別，絕大多數就取決於配偶對象、合夥人對象、交友對象，這些命盤以外的對象，才是決定命運的主宰，沒有考慮這些人的條件，如果只是妄想從單一命盤中得到答案，猶如緣木求魚！

交往對象會影響婚姻狀況、事業成敗、合夥狀況，俗語說：「因人而貴、因人而富、因人而敗」，早已暗示我們，富貴成敗皆因為面對的是何許人也！

對症下藥

一般人認為斗數有四化星，我個人多年經驗，站在二元對立的原則上，化科與化權，並沒有作用，所以只採用化祿與化忌。

化祿與化忌所呈現出來的徵兆，化祿屬於正能量，化忌是負能量，並非行運時逢到化祿就必然喜事臨門，化忌就必然一敗塗地。

先天的出生年度必有天干，有了天干就會有化祿與化忌，但是先天的祿忌，是固定在某些宮位靜止不動的，大限與流年都有化祿與化忌，先天的祿忌，必須被大限與流年的祿忌引動，才會發揮其潛伏而沒有彰顯的影響力。

大限行運與流年的祿星，無論是否引動先天的祿星，都具有正面的能量，此時需要當事人去呼應它，才會發揮祿星正能量的作用，享受其所帶來的喜悅，化忌也只是一種示警的訊號，聰明的人會依循這個警示去做改善，將忌星的阻力化為無形。

化祿必須去呼應，化忌必須去改善，如何就化忌所呈現的徵兆，加以改善並將化忌化為無形且不具有破壞力。

在洛杉磯有一家「台灣美食」餐廳，開業一年多，生意一直不見好轉，老闆娘經人介紹來找我算命，從她的命盤觀察，大限的官祿宮，就自坐大限的化忌，星曜的組合是「裡」，屬於菜餚，而不是屬於「表」的裝潢，於是勸告老闆娘，要將台灣菜的菜餚徹底做改善，差不多經過一個月左右，餐廳事業蒸蒸日上，直到今日依然高朋滿座，並沒有再受到大限化忌所干擾而挫折失敗，這就是所謂對症下藥，這才是斗數論命的真諦。

斗數論命的事與物的判斷

研究斗數祿命術，發覺隱藏很多人所不知的功能，尤其在表裡、左右的分析，可以很精準的判斷！

如：一位律師業務出狀況，可以清楚發現是表的徵兆口才辯論出了問題，還是裡的徵兆抒寫文字書狀出了問題。

一位醫師被病患控告，可以了解是表的診斷出了問題，還是裡的處方出了問題。

一位意外車禍的受傷者，可以知道是身體的左邊還是右邊受傷。

一家餐廳生意不佳，可以察覺是表的裝潢還是連的菜餚需要改善。

工廠製造成品販售業績差，可以發現是表的造型、色彩，或裡的原料不符合客戶滿意。

命盤並沒有決定命運，也沒有注定失敗，在許多進行式的事與物，只要事先能夠得知，半途中的阻礙與挫折源自何方，在未發生之前自我改善，去呼應忌星所造成的干擾，進而改善，讓忌星的影響降至最低程度，其實成功並非困難之事！

星曜賦性的用途？

研究紫微斗數祿命術，當你面對當事人，要求從命盤觀察，對他的婚姻互動狀況，你能夠用星曜賦性判斷嗎？

當一位婦產科醫生，提供給你三位小男孩同一時辰出生，四天後有一位夭折，你能夠用星曜賦性告訴他，哪一位小男孩夭折嗎？

當你遇到一位大老闆，同時擁有數家公司，你能夠用星曜賦性，告訴他哪一家賺錢，哪一家虧錢嗎？

當面對一位客人，他有病纏身，你能夠用星曜賦性，告訴他疾病是來自家族遺傳，還是個人因為飲食、生活而得到的嗎？

當一位客戶告訴你，他要與人合夥做生意，你能夠用星曜賦性，告訴他最後結果是成是敗嗎？

當有人要投資股票買賣，你能夠用星曜賦性，告訴他這個投資是好是壞嗎？

當一對男女打算結婚，你能夠用星曜賦性，告訴他們，未來婚姻是吉是凶嗎？

相信以上的問題，沒有一件事，可以使用星曜賦性來推論，這些都是關於人生之大事，星曜賦性在這關頭，毫無用武之地，請問，那麼星曜賦性要做何用途呢？

二元對立

紫微斗數論命，建立在二元對立的基礎上，何謂二元對立？就是陰陽、表裡、漲跌、男女、左右、上下、對錯、成敗、好壞、賺虧、吉凶、禍福等等，化祿與化忌就是核心代表！

傳統斗數論命，還有化權與化科，其實對於二元對立並沒有任何影響力，坦白說是多餘與無用武之地。

化祿與化忌，就是二元對立的代表，化祿代表「表」，化忌代表「裡」，化祿代表成功，化忌代表失敗，化祿代表吉祥，化忌代表凶厄，化祿代表賺錢，化忌代表虧損，化祿代表祥瑞，化忌代表災厄。

雖然世間事充滿二元對立的局面，可是偏偏股票會有不漲不跌，上下之間卻存在著中間，事業有時不賺不虧，從斗數的角度來看，此時就是既不化祿也不化忌，沒有展現二元對立的局面！

善用二元對立的原理在斗數論命上，將很輕易了解事情的正反兩面，對於判斷成敗好壞也具有很好的思考能力，不會再受無謂的化科、化權干擾！

星曜賦性是騙人的把戲

從接觸紫微斗數祿命術開始，會排列命盤以後，友人借我一本斗數書籍，剛巧翻到夫妻宮，文字論述說：廉貞在夫妻宮定三婚，左思右想，剛好一位長輩就是夫妻宮廉貞星，但是他並沒有結三次婚，代表這種論述不正確，於是對書中內容開始存疑。

因為「廉貞在夫妻宮定三婚」這句話，讓我從此遠離星曜賦性，不接受星曜賦性的胡說八道論述，因此因禍得福，減少走很多冤枉路的機會。

我沒有拜師學藝，也沒有以書籍為參考資料，一切都是內心的領悟。

相同命盤的人何其多，要如何區分他們不同的命運？這是我隨時思考的問題，如果無法突破這個關鍵點，所有論命都是不切實際的，也都只是自己的想當然爾，與事實會有很大的出入。

後來想起我跟小學同學同時出生，同樣是天梁坐命在午宮，雖然我們兩人命宮星曜相同，為何我們兩人的長相、體格、個性、學歷等等，沒有任何相似之處，因此了解到書中星曜賦性的論述，都是胡思亂想的產物，沒有任何可信度，星曜賦性不能推算個人獨自擁有的特質，也確立了相同星曜在命宮，也不會有相同的命運的思維，從此不會受騙上當。

我們兩人的夫妻宮都是巨門與文昌星，至今一位結了婚，一位終身未婚，如果以夫妻宮的星曜，要如何區分我們兩人婚姻的不同狀況呢？

由此讓我深深感覺，星曜賦性是騙人的把戲，不知何時開始是哪一位在戲弄大家？

影響命盤的因素？

研究子平八字或紫微斗數者，只要提問他們，如何分辨同時出生命運不相同，他們都會異口同聲的說：

「由於出生地、生活環境、家教、教育程度等等不同，甚至還有祖德跟祖先風水也會影響命運，所以同時出生的人，命運當然不同」，這些論述絕對沒有人持反對意見，

聽起來頭頭是道，卻是矛盾百出，八字與斗數命盤，都有其推算與演繹方式，要輸入到命盤或八字的差別條件，必須能夠化為命理元素，可是這些個別差異，沒有人有能力將它們化為元素，然後輸入到命盤與八字裡，因為這些影響因素無法融入命盤與八字中。

說這些因素會區分同時出生者的命運不相同，可是卻無法具體的將這些元素融入命盤，豈不變成說的是一套，做的又是另外一套呢？

以這些影響同時出生命運不同的因素來說，出生在台北或高雄甚至香港，要如何將台北、高雄、香港化為輸入斗數命盤的條件？教育程度、生活環境、家教要如何具體化，然後輸入到命盤？如果無法將這些影響因素，輸入到命盤，豈不是問了等於白問？

紫微斗數祿命術有其獨自的推算方式，如同數學有數學的演繹程式，不必輸入一些毫無相關的資訊。

妖言惑眾

幾乎所有斗數星曜賦性書籍，都是如此形容夫妻宮的功能，如：

「夫妻宮~主夫妻之間的感情、相處模式、個性、緣份、長相、體形、出身背景、宜早婚或晚婚、婚姻生活狀況、有無生離死別、另一半配偶的能力及發展如何」。

夫妻間的感情，個性、緣分、長相、體型、出生背景，是完全不相關的事項，全部擠在夫妻宮的功能裡，不知有哪一位神仙在世，能夠以夫妻宮的星曜或祿星、忌星，來逐一推算這些事項？

夫妻宮還能推算，宜早婚或晚婚，有無生離死別，另一半配偶的能力，這些論述真的是越扯越離譜，無限的膨脹，一個夫妻宮宮位的功能，有如此巨大的差異嗎？且要如何涇渭分明的釐清書中所述的每一件不同的事項？請問有哪一位能人志士有此能耐？

配偶的能力及發展如何，不知什麼星曜由此神通廣大？用自己的命盤，都無法推算自身的能力與未來發展如何，竟然從夫妻宮能一窺究竟，實在是令人佩服不已，由不得肅然起立脫帽敬禮！

書中這些論述，不知迷惑多少初學者與研究斗數多年者，這些人被這些文字敘述所吸引，且誤信夫妻宮的功能神通廣大，無法精準推算只能怪自己學藝不精，並不會責怪書中內容妖言惑眾！

研究斗數祿命術，如果連這種文字論述，都分不清是邪是正，還信以為真，真不敢相信這些人的論命功力，真的能達到爐火純青？

精通與一竅不通

要跨越斗數論命的鴻溝，就必須遠離星曜賦性與格局的論命方式，因為星性與格局，無法在設定的固定框架中，應付因人而異因事而異的命理變化。

這麼多斗數研習者，受困於毫無變化的，定性的星性與定量的格局漩渦中，永遠走不出康莊大道，始作俑者就是星曜賦性書籍，與不學無術的命理老師。

研究紫微斗數只有「兩通」，一個是「精通」，一個是「一竅不通」，精通者跨越星性、格局論命的鴻溝，走向靈巧論命的途徑，一竅不通者，擁抱星性與格局，且自始至終纏抱不放，只能在死胡同打轉。

精通與一竅不通只是一線之隔，一切取決於個人的研究心態，心態上思考不具有邏輯思維、辯證能力，那麼閱讀再多書籍，都沒有任何助力。精通者邏輯推理正確，辯證能力堅強，不會隨著錯誤書籍聞雞起舞，於是很容易否定書籍中所記載論述的星性與格局，步上正確的論命程式，在斗數界立於不敗之地。

出生年次？

如果沒有與當事人望聞問切，面對一張命盤你能做什麼解答？

隨便提供一張命盤，如男丙子年十月二十日辰時，命宮在午宮紫微星坐命，你要推算他的特質，他的命運之前，你是否考慮到他是一九九六年的丙子年，還是一九三六年的丙子年？甚至是一八七六年的丙子年？或者更早的六十年前，一二〇年前呢？

這幾個年次出生的都是丙子年，無論是子平八字或紫微斗數命盤，完全一模一樣，請問這些人的特質會相同嗎？要如何推算他們的特質？他們的遭遇會一樣嗎？要如何推算他們的遭遇？

曾經網路上的命理社團，我提供這張丙子年出生的命盤，就有很多人一窩蜂的開始論命，任何個人資訊都不必提供，因此當我回答說，此人是一二〇年前的丙子年出生的，此人都已經往生了，怎麼還在推算他明年或五年後呢？論命的當場馬上啞口無言，說我在戲弄他們。

當面對命盤，如果只是將年分寫為天干地支，然後月、日、時，如丙子年，一般人都會認為是一九九六，而不會考慮其更早的丙子年，因此也可知道，丙子年何其多？這些不一樣的丙子年，同月同日同時出生者，光憑命盤推算怎麼可能準確呢？

命盤決定命運？

好多年前，面對許多自稱斗數大師，與他們對談時，我都會提出一個問題，是命盤決定命運？還是當事人呼應命盤之後才有命運？

從來沒有人正式肯定的回答我，都是閃閃躲躲，迴避這個敏感問題，因為他們就是認為命盤決定命運。

如果命盤決定命運，那麼同時出生命盤相同，命運就必然要相同，但是事實是不可能存在的。

如果是呼應命盤，才會產生命運的結果，那麼同時出生，雖然命盤相同，但由於呼應事項不一樣，命運當然迥然不同！

絕大多數的人，都認為斗數命盤決定每個人的命運，所以從命盤，就可以觀察每個人的命運，如果以為命盤決定命運，那麼在命盤中所呈現的徵兆，就肯定要發生，相同命盤者，要在同一時間發生同一事情，你認為有可能嗎？

錯誤的觀念，造就錯誤的命理推算方式，這是必然的宿命，有了錯誤的觀念，因為認為命盤決定命運，才會有定性的星曜與定量的格局，設定命運必定受命盤擺佈，於是所有的命運軌跡，將會完整的出現在命盤，更無法脫離命盤的掌握！

夜深人靜時，仔細思考，到底是命盤決定命運，還是呼應決定命運？

天機兄弟主？

為何斗數書籍說天機是兄弟主？武曲是財帛主？廉貞是官祿主？

這就是典型的按圖索驥，以紫微為命宮時，天機一定在兄弟宮，武曲一定在財帛宮，廉貞一定在官祿宮。

如果命宮不是紫微星，那麼所有的排列組合，就全部重新洗牌，兄弟宮、財帛宮、官祿宮就變成其他星曜，豈能死板板的說天機是兄弟主、武曲是財帛主、廉貞是官祿主呢？

不知主又代表什麼含義？斗數命盤排列組合變化無窮，因為出生時辰不同，命盤就不一樣，豈是某顆星曜固定在哪一個宮位呢，再來談論是某宮位主呢？

這種毫無意義，對論命也不具功能的命理論述，多到無法勝數，叫人不知所措！

斗數論國運？

在台灣的電視台、電台、報章雜誌，常常有一些大師暢談國運！

所謂的國運，簡單來說就是國家的命運，這些大師以國家創立的年月日時，排列出來所謂的斗數命盤，然後推算國家會發生什麼事情，其實根本不切實際。

任何斗數命盤都只有十二個宮位，每個宮位一個大限為十年，整張命盤走完總共只有一二〇年，然而世界上很多國家的創立，已經超過一二〇年，當這個國家跨越一二〇年後，是否要重新輪迴再走一次命盤，那麼問題來了，今天所發生的大事，是否一二〇年前也要同樣的發生？

斗數命盤的排列組合，是以有生命的人類為主，貓狗的壽命與人類不同，無法以動物的出生時辰排列命盤然後推算它們的命運，國家的成立，並沒有生命，且每個國家每一天、每一年所發生的事，多到不可勝數，要以什麼事情為依據？

國家中每天都有人死亡有人誕生，有人發財有人虧錢，有人成功有人失敗，要以什麼星曜為根據？

斗數論命針對個人的命運來探討，與人無關的事項，都無法從斗數命盤一窺究竟！

斗數感想

斗數論命給人的感覺，都是在推算不可能準確，也對命運沒有影響的當事人特質，不然就是似是而非、玩起猜謎遊戲的答案，幾近瞎掰與胡扯的本事，已經失去論命的意義。

學術的探討，竟然會出現瞎掰胡扯、猜謎遊戲，實在是應該對紫微斗數祿命術，做最大的檢討！

祿命術創立的目的，在於推算事情的成敗好壞，個人運勢的吉凶禍福，至於成敗、好壞、吉凶、禍福，都是一翻兩瞪眼，沒有模糊的空間，答案的對與錯在一線之隔，如果給予當事人的答案是似是而非的答案，或瞎掰胡扯，對當事人不會有任何幫助，只會誤導當事人！

一顆星曜在官祿宮，可以瞎掰好幾種完全不搭嘎的職業，一顆星曜在夫妻宮，可以推算未來配偶的一切，一顆星曜在疾厄宮，可以胡扯幾十種疾病，事實上，這些事項都不是斗數祿命術任何星曜可以承擔的任務，所以就形成瞎掰、胡扯的怪現象。

宮位的探討

斗數論命必須認清其功能與目的是什麼，才能對症下藥。宮位功能無法釐清，演繹程式混亂，到最後都是一場空。

斗數命盤沒有交友宮，不能將兄弟宮與僕役宮替代與朋友的互動關係，兄弟是有血緣關系的家人，僕役是屬下、員工，可以指使他們效勞之人，朋友既不是家人，也不是屬下、員工。

至今無人可以清楚確定，兄弟宮是談論兄弟姊妹中的哪一個人，何況還要談論朋友呢？

父母宮所談論的就是父親與母親，絕對跟其他長輩無關，何況到目前為止，還沒有人可以肯定父母宮是推算父親還是母親的宮位，遑論這麼多的長輩呢？

遠房的長輩不說，光是近親的長輩就有伯父、叔叔、伯母、嬸嬸、姑媽、姑丈、舅舅、舅媽、阿姨、姨丈，這些長輩與父母大不相同，豈能同日而語？

斗數界混淆視聽的言詞論述很多，然後以訛傳訛，命盤的結構所探討之對象，絕對沒有能耐包山包海囊括一切的人物，嚴格來說，命盤只是推算當事人個人的吉凶禍福、成敗好壞，與命盤以外的第二者，除了有後果產生的互動對象，如合夥、投資、結婚，其他的人，都無法在命盤中呈現！

試用自己的命盤，看看能否窺探認識但沒有厲害關係的人，就可明白我所言非無的放矢！

無知的認知

研究斗數論命，沒有所謂的秘儀、秘訣，秘儀、秘訣都是釘死在板子上的固定訣竅，死板的訣竅無法應付變化無窮的生命！

提供一段論命秘儀給大家參考：

「公式：命權入官

現象：權在夫官線

1. 個性積極主動，有自我想法

2. 等同生權在官，比生年權在官祿較好

3. 會欣賞在工作有能力的人

4.行事果斷，對事不對人

5.命化入官，而官化入命疾：易有辦公室戀情

6.權在夫官線：對配偶態度不溫柔

若再加上夫宮有忌：易有夫妻打架事件

7.流年命權入本官、流官

*會去找工作

*上班族有升遷機會

*有創業機會」

怪哉，斗數論命還有所謂的公式？看看內容那一句話不是瞎掰胡扯，自我想像的結果？

無緣見此大師，否則想請問大師，是否只要命權入官，都會有以上的現象出現，如果相同命盤其中一人，沒有這些現象發生，是否自打嘴巴？

斗數界的不進反退現象，就是論命的秘儀、秘訣、公式害死人，斗數論命是一理應萬事，沒有固定的方程式，也不會有固定的事情發生，秘儀、訣竅、推算公式，都無法應對因人而異因事而異的法則，宣傳這些演繹方式，只是顯得自己的無知。

星曜與元素

英文中有abcd……，都只是英文字母的元素，a永遠是a，b永遠是b，不會具有任何意義。

斗數命盤有許多星曜，星曜只是命盤中的元素，元素永遠還是元素，不會有任何意義。

為何斗數或出現這些星曜？其實這些星曜（元素）要加上其他星曜，才會產生化學變化。

星曜組合加上祿星與忌星，可以清楚分析成功的原因在哪？失敗的原因在哪？懷孕的小孩是男？是女？受傷的部位是左？是右？住家附近的學校在前？在後？

星曜加上其他星曜，會變成星曜組合，也就是元素加上元素產生化學變化，星曜組合可以區分陰陽、表裡、男女、上下、左右、前後等等，然後發覺發生事情的原因在哪，進而加以改進，如此才是斗數趨吉避凶的終極目標！

阻礙斗數論命之路

研究紫微斗數祿命術，阻礙每一位研習者，突破困境的罪魁禍首，就是星曜賦性與格局！

星曜賦性與格局屬於刻板的教條，往往讓初學者以為撿到寶，面對命盤可以使用填鴨式的方法，推算個人特質既簡單又快速，然而卻非放諸四海皆準，豈知天下沒有白吃的午餐。

其實在斗數論命上，最不值錢的就是推算個人特質，因為個人特質，在面對命盤推算吉凶禍福、成敗好壞時沒有任何影響，因為相同命盤的人，特質絕對不會相同，星躍賦性無法區分，相同星曜不同特質，所以無法適用於每一個的命盤。

然而星性與格局卻根深蒂固的，深植在每個研習者的內心，阻礙研究斗數祿命術往前邁進的步伐，由於誤信星性與格局是斗數入門必經之路，早已熟背牢記在心，閱讀再多的書籍，內容大同小異，反而沒有思考如何突破斗數論命方式，跨越這道阻礙論命的鴻溝，於是每個研習者一直在原地踏步！

就像子平八字只有八個天干地支，十天干是甲乙丙丁戊己庚辛壬癸，十二地支是子丑寅卯辰巳午未申酉戌亥，都只是符號的標誌，八字命理的元素，甲乙丙丁，子丑寅卯都不具有單獨的含義，同樣道理，斗數的星曜沒有任何特質，格局也沒有具備實際的內涵。

想突破斗數論命，第一個步伐就是拋棄星性與格局，然而忠言逆耳，有幾個人聽得進去？

虛星與實星？

研究紫微斗數祿命術，唯一的目的就是要精通論命術，然而事與願違，每個人都沉淪在星曜賦性與格局的框架中。

沉迷於星曜賦性與格局，是否違背你研究斗數的初衷？因為星曜賦性與格局，無法讓你準確推算斗數祿命術，既然如此，為何你沒有快刀斬亂麻的勇氣，徹底的拋棄這些害人不淺的命理論述呢？

花錢買些書籍事小，浪費一生的時間卻到頭一場空，這才是天大的冤枉，然而始作俑者，就是這些星曜、格局的書籍，與傳授這些錯誤命理理論的為人師者，為何你還要被這些人牽著鼻子走呢？

斗數星曜的名稱，除了太陽與太陰是真實存在宇宙之間，其餘的都是「虛星」，所謂的虛星就是虛假的星，我們都知道太陽影響光合作用，月亮影響潮汐，所有的人都受太陽、太陰的影響，但是太陽與太陰在命宮，卻不具有任何單獨含義，至於其他的星曜，既然是虛假的星曜，怎麼可能有所謂的星曜賦性呢？這是被捏造與杜撰的。

命盤中有真實星曜的太陽、太陰存在，就凸顯其他星曜的虛表性質，所以虛有其表的星曜，只是命盤元素的名稱，沒有所謂的星曜賦性，聰明的你，好好思考一下吧！

化祿與化忌

每個人的出生年次，就有天干，在斗數論命中，天干會有化祿與化忌的出現。天地有陰陽、人分男女，世間事有禍福，都是兩面對立的，所以斗數有化祿與化忌，是符合成敗好壞二分法。

化祿代表正能量，化忌代表負能量，人與人相處，有正能量的結合，也有負能量的碰撞，如果只有正能量結合，相處就會融洽一片祥和，如果只有負能量的碰撞，相處就會衝突反目成仇，若正負能量一起到來，往往會先好後壞，或是先壞後好的情形發生。

與人相處，探討兩人的互動關係，在我個人多年論命經驗中，根本不需要排列兩人的命盤，由兩人出生年天干，所衍生的化祿與化忌，就可以窺探兩人的互動結果。

目前很多人說所謂的交友宮、兄弟宮，可以觀察與人的互動關係，全部是無稽之談，不相信我所言的話，將你所有的人際關系，輸入到這兩個宮位，看看是否能夠推算結果?答案馬上一翻兩瞪眼!

斗數沒有交友宮，兄弟是有血緣關系的成員，與朋友關係不對等，也無法以兄弟宮探討人際關系，如果連這麼淺顯的道理都不了解，遑論深探斗數論。

再論星曜賦性

人生所面對的一切，都脫離不了人事物，人─捉摸不定，事─變化無窮，都無法以星曜賦性來代表，唯一是固定不變的物可以物化。

星曜無法探討人的特質，因為每個人擁有不一樣的特質，卻有一樣的星曜，也無法推算事的種類，因為事情變化無窮，區區幾顆星曜，無法掌握事情的種類，可是在斗數論風水時，星曜卻可以區分物的種類，因為物是固定不變的，學校就是學校，菜市場就是菜市場，廟宇就是廟宇。

推算人的體質與事的種類，單一星曜無能為力，只能靠星曜組合來分析，其實星曜本來就不是在探討人的特質、事的種類，好比有人喜歡以星性論個人特質，沒有人答案是準確的，就像在玩猜謎遊戲，有人以星曜論職業種類，照樣瞎掰胡扯，就像是在瞎子摸象。

星曜賦性的來源不得而知，是否後人隨意添加，也無從考據，但是經驗告訴我們，星曜賦性在論命時，根本派不上用場，奉勸執迷者應該早日回頭是岸！

牢獄之災？

教育勸阻犯罪，刑責嚇阻犯罪，為何相同命盤的人，並沒有同時犯案而進監牢？從命盤是否能窺探牢獄之災？

犯罪後有兩種情形發生，一種是有人犯罪並沒有被偵破，免於牢獄之災，一種是犯了罪，馬上災禍臨頭吃牢獄飯。

斗數命盤呈現牢獄之災的徵兆，會有下面的情形發生，遷移宮與田宅宮同時受忌星干擾，田宅宮受到忌星衝擊，會有在家找不到人的現象，遷移宮受到忌星干擾，會有在外找不到人的狀況，在家找不到人，在外也找不到人，會有幾種情形產生，(1)長期住院，(2)隱居山林，(3)進入監牢。

命盤有一樣的命理徵兆，並不表示必然有這些現象，一切必須觀察當事人是否觸犯法律、因病住院、自我選擇隱居生活。

斗數論命是一理應萬事，一樣的道理會有不一樣的結果，要判斷是三種中的哪一種，一切就看論命者的經驗了！

獨有的命運！

斗數論命有其固定的的演繹程式，推算過程必須遵守基本原則，就如數學的演繹方式一樣！

出生時辰排列出來的命盤，永遠固定不變，可以設為定數1，1永遠還是1，不會變成2或3，同樣道理，命盤永遠只是命盤，並沒有特殊成分。然而當定數加上變數(X)，答案就會變化無窮，斗數論命無論在命盤死打轉，還是飛來飛去，都是屬於定數論命，並沒有加上生命中的所有變數。

生命歷程所遭遇的一切人、事、物，就屬於每個人的變數，所以斗數論命的程式，就是定數+變數=命運，每個人遭遇的人、事、物都不相同，所以雖然定數的命盤相同，由於變數不一樣，所以命運絕對不相同。

如果論命只是在命盤中探討，定數永遠還是定數，也就是1永遠還是等於1，命運變成固定卻沒有變化，那麼遇到相同命盤相同定數，所推算出來的結果會完全相同。

每個人的命運都是1+X，一個不變的命盤（出生時辰）加上隨時變化的外在環境，因為沒有人的變數相同，於是建構出來一個獨有的命運！

先天、大限、流年=根、枝、葉

一顆樹有根、枝、葉，斗數命盤有先天、大限、流年！

任何人都知道根是整顆樹最重要的部分，根如果腐爛，枝與葉都要枯萎凋落。因此，會以為先天的宮位，勝於大限、流年的宮位。

然而，根深埋在土中，無從發覺是茁壯還是枯萎，只能從枝的茁壯與葉的茂盛判斷，所以大限的行運，主控先天的宮位！

假設，將根與枝相連接的部位鋸掉，沒有枝與葉，只剩下根獨自埋在土中，此時的根無法繼續深植土中，慢慢的也會走向腐爛的地步！

肉眼無法觀察根是腐爛或是旺盛，在斗數論命中，同樣道理也不能以先天各個宮位判斷當事人的特質、遭遇、命運，沒有行運的大限、流年來引動，先天的宮位是靜止不動的狀態，這才符合行運勝過出生背景的道理！

出生不佳行運強勢，可以從布衣到卿相，從貧困到巨富，出生良好行運弱勢，會形成有志難伸的局面。

命宮與疾厄宮

斗數命盤有十二個宮位，命宮主宰一切，其餘的宮位皆要受命宮牽制，因為有了生命才有一切，生命終結，一切事物皆歸於零！

疾厄宮顧名思義就是疾病與災厄，生命歷程中充滿著災厄與疾病，然而在斗數論命中，疾厄宮與死亡無直接關係，主宰死亡的宮位是命宮莫屬！

很多人疾病纏身、災禍臨頭，雖然身心受創，甚至帶疾延生，生命並沒有終結，所以探討死亡，如果以疾厄宮為出發點，就有牛頭不對馬嘴之嫌！

疾厄宮的功能，在於探討疾病是否延續、災禍是否康復，也可推算家族遺傳基因，與生命是否終結，無直接關係，疾厄宮主掌疾病與災厄，命宮主掌生命的延續或死亡，因此疾厄宮無法與命宮相提並論！

命宮是生命的開始的宮位，絕對也是生命結束的宮位，如果論命時，哪個宮位孰重孰輕都分不清楚，論命絕對不會準確！

何謂套命？

在已知當事人的結局之前提下，然後提供當事人的命盤，再從斗數論命的角度分析，為何他會成功？為何他會失敗？其實無論什麼推算方式，都可以自圓其說，這就是典型的套命！

斗數論命，評論歷史上的名人，或一般平民百姓的命盤，都是在已知此人所發生的狀況，然後依據命盤分析，其實都屬於馬後炮！反過來說，如果不知當事人是誰，有誰膽敢如此論斷呢？

提供國家領導人，或富商巨賈的命盤，然後口沫橫飛的判斷他們的命理現象，這都是在已經知道他們是誰，才敢如此論斷，如果不知他們的身份，又有誰敢武斷的說他們的成就？

相同命盤的人很多，不會如同所提供的命盤當事人一樣的遭遇與命運，雖然命盤呈現的徵兆相同，但是結局卻不一樣，因此，不能以所提供的命盤來分析，忽視了一理應萬事的原則！

猜謎與準確率

研究斗數論命者，請你捫心自問，用星曜賦性與格局論命，你有多少的準確率？用星性推算諸如婚姻、創業、投資等事項，你能夠判斷什麼結果？會有什麼答案？

以星曜推論疾病，能夠精準無誤的判斷疾病種類嗎？帕金森氏症、糖尿病、阿茲海默症是什麼星曜？如果不能，是否在渾水摸魚呢？

用格局推算遭遇，如廉貞天相逢擎羊~路上埋屍、火星貪狼~威權出眾、鈴昌陀武~限至投河，可靠性有多少？

斗數論命結果只有兩種，不是成就是敗，不是好就是壞，沒有猜謎的成分，也沒有準確率多少的問題。

星躍與格局，沒有能力承擔推算成敗好壞的重責，為何你還在使用呢？

變與不變

生命歷程千變萬化難以捉摸，喜怒哀樂隨時降臨，許多事根本無法清楚呈現在命盤中！

探討命運不可能鉅細靡遺，例如今天感冒、拉肚子，命盤不會呈現任何徵兆！命盤也無法推算長相、個性、特質。

有了這層了解，就可以明瞭命盤所探討的是跟生命息息相關的重大事件，如婚姻、事業、投資、置產會影響往後前途的事項，這些事項隨著年齡成長，無時無刻在變化。

事業失敗可能身敗名裂，投資失敗可能生活困頓，婚姻失敗可能家破人亡，這些後果往往影響一輩子，研究斗數就是在於如何避免這些凶厄之事發生，進而預防在事發之前慢慢步入陷阱！

變動的人生要結合不變動的命盤，這是斗數論命最難突破之事，命盤沒有決定命運，命盤以外的影響因素決定最後結果，一般人論命都是在不變動的命盤下功夫，忽略隨時變動的人生與遭遇，兩者無法融入，從命盤觀察再怎麼推算還是靜止的人生。

使用不變的命盤論命，要加上命盤以外隨時變動的資訊，相同命盤者，就因為不相同的變動資訊，會造成完全不一樣的遭遇與命運，變動的資訊與不變的命盤，要如何結合為一體，端看你的理解能力！

傳統與科學

斗數是傳統古老的祿命術，有創立的時代背景與演繹程式，現代許多人號稱科學的紫微斗數論命。

所謂的科學，是集觀察、假設、檢驗的程序，科學知識極度依賴邏輯推理。

如果要將傳統古老的紫微斗數祿命術，冠上科學兩個字，必須具備邏輯推理與經得起檢驗。

以星曜賦性論命，不存在邏輯推理，也無法通過檢驗，原因在於，命宮相同星曜的人，並不會有相同的特質，以邏輯學來說，如果用A的命宮星曜，推算A的特質，只要B的命宮星曜與A相同，那麼兩個人的特質就必須相同，事實是世間上並不會有兩個人的特質一模一樣，因此這種論述，經不起邏輯推理與檢驗。

傳統的斗數祿命術，在推算演繹過程，無法加上現代科學的方式，否則會變成四不像，然而，在追求推算結果時，卻必須具有現代科學中的檢驗與邏輯推理，經不起邏輯推理與檢驗的，就不能實際運用在論命上。

市面上號稱科學紫微斗數，結果是只有科學口號，沒有科學的邏輯推理，也經不起科學的檢驗！

共盤＝共性？

相同命盤稱之為共盤，幾乎所有研究紫微斗數祿命術者，皆認為共盤具有共性。共盤不僅沒有共性也不會有相同的命運，跟郭台銘共盤的人，特質不會相同，也不會一樣成為富豪，跟蔡英文共盤的人，特質不會相同，也不會一樣成為總統！

既然共盤者沒有共同的特質，也沒有相同的命運，請問，面對命盤就開口當事人的特質如何，命運如何，這種論命方式，忽略了這個世界上其他共盤者，與你所面對命盤的當事人，特質與命運並沒有共通點，所推算出來的特質與命運，並非專屬某個人所有。

提出共盤有共性的人，忽視每個人的性格、特質都是個人獨自擁有，絕對沒有人共同擁有，但是同時出生者，命盤卻是共同擁有，所以想從共有的命盤，探討獨有的個性、特質，無異於瞎子摸象，因此共盤沒有共性是無庸置疑的。

相同命盤的人很多，但是他們沒有任何共同之處，如：長相、體格、個性、膚色、思想、人生觀、價值觀與命運，因此說共盤有共性的斗數研究者，就是外行人說內行話！

先天、大限、流年？

絕大多數紫微斗數界，發表文章或為人之師者，都無法脫離宮位論命，星曜談特質，格局論吉凶。

他們都忽略先天命盤是靜止狀態，無法變動的，然而行運的大限與流年，卻不停止的往前奔走，每個人都會隨著時間的前進，而改變他的外在長相，與內在思想的質變，價值觀與人生觀無時無刻不在變化。

以先天的宮位、星曜、格局論命，將每個人都架設在一個框框中，從小至老完全一樣，這與變化的人生不相符合。

命盤的先天大限流年宮位，猶如一顆大樹的根枝葉，根雖然是最重要的一部分，可是根卻是無法預測的，因為深深埋在土中，唯有從枝的茁壯與葉的茂盛，才可以察覺根的隆盛或枯衰。

大樹的枝會隨著時間改變而慢慢茁壯，枝不僅掌控根的興衰榮枯，也掌控葉的茂盛與枯萎，因此，在整張命盤中，才是真正的主宰。

先天的命盤，不具有掌握命運的職責，行運的大限，才是命的根本，猶如我們所見，有人從布衣到卿相，有人從貧窮到巨富，這些人的出生背景，並沒有影響往後的發展，就像先天宮位沒有主宰一生，大限才具有此能耐！

出生良好，行運不佳終必敗，出生不好，行運強盛終必成，有此認知後，論命時怎麼可以用先天命盤定一生呢？

影響命運的因素，如何輸入到命盤？

研究紫微斗數或子平八字的人，都會朗朗上口，同時出生八字相同，但是命運絕對不一樣，原因在於父母、出生地、成長環境、祖先風水與祖德。

輸入父母的個別條件，在紫微斗數探討上，實際的作用，可以推算內在、外表的遺傳基因與遺傳疾病，還有死亡跟父母的條件脫離不了關係，至於其他的影響力則微乎其微。

出生地、成長環境、祖先風水與祖德，都沒有具體的數據，可以融入命盤一起探討。

既然口口聲聲說父母、出生地、成長環境、祖先風水與祖德會影響每個人的命運，請問，除了父母以外，如何將這些影響因素輸入的命盤中？

有誰知道這麼多祖先中，誰的風水好，誰的風水壞？這麼多的祖先中，哪一位積德，哪一位敗德？

至於出生地、成長環境，就算當事人提供資訊，要如何化為數據與命盤結合推論？

就算這些因素影響命運，可是放眼斗數界，你可曾見過有哪一位大師，在幫當事人算命時，要求當事人提供這些資訊，以利於輸入到命盤推算當事人的命運？

紫微斗數祿命術，創立的宗旨，除了父母條件會影響遺傳基因與死亡時期，可以輸入到命盤一起討論外，其實都已經排除這些無法輸入命盤的影響因素，任何事情成功失敗，與父母、成長環境、祖先風水、祖德毫無任何瓜葛！

紫微斗數的疑惑

兩位男士同年同月同日同時出生，前後相差四分鐘，都是天梁獨坐命宮在午宮。

如果以命宮星曜賦性來推算，你認為他們兩人的特質會一樣嗎？如果夫妻宮可以推算配偶的長相與個人背景，你認為他們兩人的配偶會大同小異嗎？

如果以官祿宮可以判斷當事人的學歷，你認為他們兩人的學歷會相同嗎？如果從疾厄宮可以推算疾病，你認為他們兩人的疾病或一模一樣嗎？

首先，兩人命宮都是天梁星，一位身高一八六公分，一位一六九公分，兩人的配偶絕對不會是同一個人，所以怎麼可能長相、背景會一樣呢？況且一位已婚二十幾年，一位至今未婚。

很多人都會狡辯說，同時出生命運必然不同，因為父母不同，成長環境不同，出生地點不同，祖先風水不同等等，這些因素影響相同命盤不同的命運。

請問如何將父母、成長環境、祖先風水、出生地點成為具體數據輸入到命盤，證明相同命盤不同命運？這些影響命運的因素，又有誰有此能耐將它們融入命盤呢？

出生地、成長環境、祖先風水都沒有任何方式與命盤結合，怎麼影響命運？再者既然辯稱父母、出生地、成長環境、祖先風水會影響命運，就代表認為命盤沒有決定一切，還需要摻入這些影響因素才能定奪，為何在算命時，還是只有從命盤判斷，而忽略了這些影響因素呢？

什麼因素影響你的命運？

影響你婚姻的人是配偶，影響你遺傳基因與遺傳疾病的是父母、祖父母、外祖父母，影響你合夥生意是合夥人，倒你金錢影響你生活的人是債主！

這些人影響你生命歷程中的種種事情，他們並沒有出現在你的命盤中，如果推算這些事項之前，你沒有考慮這些人的條件，然後輸入到你的命盤一起探討，請問怎麼會有結果呢？

這些人就是所謂命盤以外的影響因素，如果缺少他們的資訊進入命盤，只是從命盤中要推算結果，猶如緣木求魚！

只要牽涉到會影響命運的第二者，在沒有輸入他們的條件之下，絕對不是單從命盤可以探討結果，這是必須釐清的斗數論命常識。

任何斗數派別，無論怎麼創造不同的論命方式，或者標新立異，如果只是在命盤中打轉，而沒有考慮命盤以外的影響條件，那麼這個派別就該被淘汰。

說與做背道而馳？

二十幾年前，台北馬偕醫院一位婦產科主任，提供三位小男孩同時出生（兩個小時之內）的三張相同命盤，其中有一位小孩在第四天後不幸夭折，三張一模一樣的命盤，兩位存活一位夭折，如果只是從命宮星曜或相同命盤判斷，要如何區分這三位小男孩不同的人生！

二十幾年來，無論在電視、網路上或者面對面，我遇到無數所謂的斗數大師或授課老師，當我提出三位同時出生的小男孩，其中一位不幸夭折，請教他們如何判斷夭折的是哪一位小孩？至今不僅沒有人可以肯定答覆，甚至連從何處著手去推算都不自知。

每一位大師或老師，都會冠冕堂皇的說：同時出生者因為父母不同、成長環境不同、出生地點不同、祖先風水不同等影響命運的因素，所以命運當然不同，從他們辯駁的言論，可以了解命盤沒有決定死亡，還需要很多影響命運的因素，但是可笑的是，從來只是看到他們依樣在單一命盤畫葫蘆，而沒有將他們所強調的會影響命運的條件帶入命盤中一起探討，他們說的是一套，做的又是一套，只會耍嘴皮子，實際上他們根本沒有能力去區分相同命盤不同命運。

如果三位同時出生命盤相同的小男孩，都無法精準推算哪一位小孩夭折，那麼下次遇到有人提供命盤，是否在不知當事人已經夭折的情況下，還繼續推算他的未來嗎？

星曜組合—趨吉避凶的最佳方式

紫微斗數命盤有星曜，星曜只不過是一種元素而已，就如英文的 abcd，當 b+o+o+k=book，b+a+n+k=bank，b 只是英文字母的元素，b 永遠是 b 不能認定 b 一定是 book，也不能說 b 就是 bank。

把星曜歸類成為組合，命盤中只有兩種組合，一種是機月同梁，一種是紫府相，機月同梁組合包括天機、太陰、天同、天梁、太陽、巨門六顆星曜，紫府相組合包括紫微、天府、天相、七殺、破軍、廉貞、貪狼、武曲八顆星曜。

星曜沒有星性，但是組合後卻可以判斷前後、左右、陰陽、表裡、上下、男女。

斗數命盤有十二個宮位，單數的宮位如果是機月同梁組合，雙數的宮位必然是紫府相組合，因此論命不是只觀察三方四正四個宮位，而是要觀察六個宮位。

試想，夫妻宮會不會影響官祿宮、遷移宮？福德宮是否會影響財帛宮、遷移宮，依照此理，官祿宮、遷移宮、財帛宮肯定會影響命宮的，那麼這些宮位既然受到夫妻宮與福德宮的影響，因此夫妻宮與福德宮當然也會影響命宮！

只要運用星曜組合，有了個人出生年次，再提供父母的出生年次，就可以判斷來自父系或母系的外表與內在遺傳，有夫妻兩人的出生年次，配合小孩的出生年次，就可以判斷生男或生女，有人車禍受傷，可以依據組合判斷是上半身、下半身還是左邊、右邊受傷。

從命盤觀察為何事業不順，例如製造茶杯的行業，可以依據組合，判斷是屬於表的造型、色彩，或是裡的材料出了問題，所以賣不出去，造成事業不順，從而加以改善，如果是醫生事業發生醫療糾紛，可以判斷是屬於表的診斷，還是裡的處方出了問題，只要著手改進，一樣可以漸入佳境。從斗數論風水，可以依據星曜組合，判斷附近標的物是左前方、左後方、右前方、右後方。

以星曜組合判斷事情來龍去脈，這才是紫微斗數祿命術，所標榜的趨吉避凶的最佳方式，與斗數論命的精髓所在！

紙上談兵？

研究紫微斗數祿命術，必須先確認「命盤沒有決定命運」這個觀念！

命盤沒有決定命運，這是廣義的包含很多事項，如：特質、長相、體格、個性還包括適合某種行業、就讀什麼科系、適合從事哪種工作。

命盤相同者，長相不會一樣，特質不會相同，個性不會畫上等號，學歷不會相同，事業不會相同，配偶也不會相同，就是這些不同的外在因素影響，才會有不同的命運。

命盤只是出生年月日時排列出來的圖騰，也只是算命的工具，工具不會決定命運，影響命運的是命盤以外的因素，論命時，沒有考慮外在影響因素，相同命盤的人，命運就會完全一樣，但事實並非如此，因為世界上沒有人命運是相同的！

相同命盤者，為何會有不一樣的命運？原因在於命盤以外的影響因素不相同，如配偶不相同，婚姻結果會不一樣，父母不同，遺傳基因與遺傳疾病就不會不相同，如果談論婚姻，沒有考慮配偶的條件，怎麼可能會有標準答案？談論外表長相、內在性格、遺傳疾病，沒有父母條件，如何推算呢？

所以斗數論命，沒有加上外來因素，只是從命盤觀察，那只不過是紙上談兵！

七成與八成準確？

很多人說紫微斗數祿命術，有七成準確或八成準確，就很不錯了，其實仔細思考，七成與八成是如何精算出來的？這句話如果是真實的，那麼紫微斗數祿命術，就應該拋棄！

試想，如果只有七成或八成準確，是否表示有兩成或三成不準確，斗數論命追求吉凶禍福、成敗好壞，答案是對立的，一翻兩瞪眼，沒有討價還價的餘地。

論命不是單從觀察命盤就能給予答案的，需要加入命盤以外的個別影響因素，就如 1+x=?，1是定數就是不變的命盤，x是變數就是命盤以外的外在影響因素，看你如何轉化 x，然後融入命盤中，這個推算出來的結果，必須是完全正確的。

斗數論命如果只有七成、八成準確，表示還有兩成或三成不準確，那麼請問，當你推算出來的答案，你是否知道這個答案屬於準確的那部分，還是不準確的部分呢，連自己都無法知道屬於準確或不準確的答案，如何為人指點迷津呢？

閱讀書籍與拜師學藝

研究紫微斗數祿命術，唯有兩種方法，一種是閱讀書籍自修，一種是拜師，跟隨老師的腳步與經驗，吸收成為自己的知識！

目前市面上的斗數書籍，分成兩大類，一類是在星曜賦性與格局著墨，一類是提供命盤，然後解析事情發生的命理過程，嚴格來說，星曜賦性與格局，無法推算事情或命運的結果，屬於畫蛇添足，對研習者沒有任何助益無庸置疑，至於提供命盤解析命理過程，幾乎都是在已知事情的結果，然後使用命理理論套命，更是欺騙讀者。

至於拜師學藝，為人師表者，素質良莠不齊，絕大多數都是提供星曜賦性與格局的講義，要求學員背誦、牢記，有如填鴨子式的教學，沒有學員可以在論命時運用自如，成就大氣。關於解析命盤的論述，幾乎都是為人師者或書籍作者，在已知當事人發生什麼事情，然後根據命理走向一一分解，先有答案再來命理論述，保證怎麼解釋都可自圓其說，好像神仙在世，其實這種解析方式，無法面對下一位當事人命盤徵兆一樣，卻發生不一樣的事情。

避免斗數研習路上的困擾

研究任何學問，除了專業知識培養以外，一般都會借助閱讀相關書籍來輔助，以增進自我的知識，唯一例外的是傳統的術數，包括風水，子平八字、紫微斗數等，不進反退。

以紫微斗數祿命術來說，閱讀書籍不只不會增加論命技巧，對斗數論命更加了解，反而會讓研究者亂了方寸、無所適從。

為什麼閱讀書籍不進反退呢？原因無他，幾乎所有的書籍不是理念錯誤，就是胡言亂語，內容都是作者自我發揮，隨心所欲的高興怎麼寫就怎麼寫，不然就是抄襲而來，且抄襲的內容又是錯誤百出。

讀者捫心自問，閱讀斗數書籍，無論書本中的內容是星曜賦性、格局構造或推算方式，你對斗數論命會有所增進嗎？答案絕對是否定的！

建議初學者，只需要了解斗數的結構，與正確的演繹方式，不要閱讀這些荒謬的書籍，只會增加自己的困擾！

研究斗數的思維

斗數論命要精通，完全看個人對斗數構造的理解，與掌握宮位功能。熟背書本中的星曜賦性與格局，就是錯誤的開始。

論命沒有一成不變的方程式，命盤中同樣的徵兆，會發生不一樣的事情，一切看你如何歸納與統計，再加上經驗。

人生在世，沒有一成不變的時運，怎麼可能用固定不變的命盤，而沒有加上隨時在變動的外在環境影響的因素，就要推算當事人的命運呢？

永遠不變的稱為定數，定數永遠是定數，就如命盤一樣，必須加上隨時遭遇的變數，雖然有人命盤相同，也就是定數一樣，但是每個人遭遇的變數不同，所以所推算的結果當然會不一樣。

缺少命盤以外的變數，任何一張命盤都只是圖騰沒有答案，這是研究斗數論命必須先確立的認知。

當思想正確，理論無誤，要尋求論命的答案精準，並非困難之事！

電腦算命？

紫微斗數祿命術，在最近幾年開始步入沒落，最主要的原因是電腦算命的興起。

電腦算命以命宮所坐之星曜，輸入到電腦，就會出現個性、體格、長相等個人特質。

兄弟宮的星曜輸入到電腦，就會出現與兄弟姊妹的互動，兄弟姊妹有幾人。

將財帛宮星曜輸入電腦，就會告訴你這輩子有多少財富。

父母宮的星曜輸入到電腦，就會跑出來，你跟父母的互動關係、緣分深淺等。

這種電腦算命目前大行其道，簡單又快速，但是幾乎全部是胡言亂語、自我杜撰的命理解釋，如果算命這麼簡單，還需浪費時間去研究嗎？

這種電腦算命最近幾年興起，還蔚為風潮，將命盤輸入電腦是有固定程式的，但是命運卻是沒有固定的軌跡，無從捉摸，電腦算命與真實生活是無法連結為一體的，同時出生命盤相同者很多，電腦所算出來的命運，到底是相同命盤中的那一個人的呢？

研究紫微斗數的心路歷程

三十幾年前，剛開始接觸紫微斗數，內心興奮無比，按照書上所描述，星曜可以推算個人特質，格局可以預測遭遇，加上廟旺利陷可以分析星曜的強弱，最後再以四化星判斷結果，有著一貫性的論命流程。

漸漸的運用這些斗數基礎架構，驗證身旁的親朋好友命盤，結果大失所望，不曾準確過，最後認為斗數書籍所描述的不可信，於是放棄碰觸斗數多年。

在美國讀書時，偶然想到小學同學與我同時出生，經過多年的成長，兩人的遭遇、命運完全不同，如果單以命盤論斷我們兩人的命運，那麼所推算出來的結果，偶爾只能適用其中一人，而對於另外一個人的答案絕對錯的離譜。

開始思考兩個人命盤相同，命運卻完全不一樣，到底要如何突破呢？於是感覺到命盤並沒有決定當事人的命運，命運是個人的機運與選擇，也就是所謂的「呼應命盤」，一切的結果，端視當事人如何去應對命盤所呈現的徵兆。

命盤有先天、大限、流年的區分，各有祿星與忌星的出現，祿忌代表好壞成敗、吉凶禍福的對立面，任何人在行運時，都沒有能力只承受祿星的加持，抹除忌星的干擾，只要有祿星、忌星所在之宮位，必然有吉祥與凶險之事，等著當事人去呼應與迴避，呼應祿星的加持宮位相關之事項，很容易有吉祥喜事發生，迴避忌星干擾的宮位相關之事項，就不會有災厄之事產生。

斗數創立的結構與核心價值，古書與近代出版的書籍，都沒有清楚論述其真確的功能與演繹方式，古書一語帶過，讓人摸不著頭緒，近代書籍幾近自我杜撰、胡言亂語，誤導初學者一開始就走人死胡同，永遠停留在刻板的框架中。

斗數論命要靈巧精準，1、必須摒棄星曜賦性、格局架構。2、釐清宮位功能，否則只能照著書本按圖索驥。

人格與命格的分野！

人格（英語：Personality），又譯為性格，指人類心理特徵的整合、統一體，是一個相對穩定的結構組織。並在不同時間、區域下影響著人的內隱和外顯的心理特徵和行為模式。

在這個世界上，每個人都是獨立的個體，擁有自己的人格特質，無論什麼樣的人格特質，絕對沒有人跟你相同，這就是人格的定義！

有人標榜紫微斗數命盤有所謂的命格，其實這是錯誤的認知，因為相同的命盤是很多人共同擁有，相同命盤者並不會擁有相同的個性與人格特質。

世界上有三大人種，有白種人、黃種人和黑人，任何時辰都有這三種人誕生，如果有人提供三張同時出生的命盤，白種人、黃種人、黑人各一位，請問這三位不同種族的人，雖然命盤完全一樣，他們的個人體質會相同嗎？

很多斗數研究者，迷信命盤有命格的存在，於是才會有所謂的總統格、富豪格，與總統或富豪同時出生者命盤相同，命格也必然相同，可是他們並不是總統或富豪，就否定了所謂的總統格富豪格！

一理應萬事

斗數論命，在命盤中呈現一種徵兆，往往不會只有一種結果的產生，而是變化無窮的結果，因此，有「一理應萬事」的解說。

何謂一理應萬事？簡單的說，這個理字就是命理，也就是一個論命理論的產生，會發生很多種不一樣的結果。

例如遷移宮出現化忌星，有人發生車禍，有人官司纏身，有人被朋友所拖累，有人出門發生意外事件，也有人什麼災厄之事都沒有發生，這就是典型的所謂一理應萬事。

斗數命盤呈現的好壞徵兆，所發生的吉凶之事不一樣，也會出現任何事都沒有發生之情況，因此，不能以命盤呈現的徵兆，在缺少當事人相對應的資訊之下，就鐵口直斷必然發生什麼事情。

一個命理徵兆，會有如此多的事項發生，甚至什麼事都沒有發生，如何拿捏最後結果，一切以論命的經驗為取向！

僕役=交友？

紫微斗數命盤有十二個宮位，為命宮、兄弟宮、夫妻宮、子女宮、財帛宮、疾厄宮、遷移宮、僕役宮、官祿宮、田宅宮、福德宮、父母宮。

請記住這十二個宮位都是名詞，這是斗數宮位設計的原理，現在很多旁門左道的派別，將僕役宮更改為交友宮，憑空而降跑出交友宮這個動詞出來，可想而知，交友宮這個名稱與原創作品不符。

一張命盤，怎麼可能十一個宮位是名詞，卻只有一個交友宮是動詞呢？這是曲解斗數命盤的行為，也是憑空捏造的手法。

僕役在辭海的解釋為：被僱用在家裡供使喚做雜務的人。老闆或主人，可以驅使、命令屬下、僱佣，但是沒有權利以這種態度對待關係平等的朋友，所以僕役宮絕對不是交友宮，這個行為是指鹿為馬，荒謬至極。

連宮位名稱都不正確，怎麼理解其功能所在呢？紫微斗數有其創立時的時代背景，並不是可以隨意更改的，隨意更改宮位名稱與功能，只是凸顯自大與無知而已！

循業發現

你知道斗數論命為什麼會準確嗎？為何以斗數命盤為依據，加上一些個人資訊，就能夠推算當事人的命運呢？簡單的說，就是佛教所說的「循業發現」！

何謂循業發現呢？就是循著個人業力來發現自己的因緣，叫做「循業發現」，轉換為斗數論命上，就是觀察命盤循著當事人所呼應之事，從命盤去探索每件事項最後的結果。

斗數論命，如果缺少當事人所提供的呼應事項，缺少當事人的業力因緣，命盤就只是一個靜止狀態的圖騰，內容空無一物，既沒有吉凶禍福，也沒有成敗好壞，無法推算任何事項的結局。

相同命盤者，由於業力因緣不相同，所呼應的事項也不會相同，因此在命盤中雖然出現相同的徵兆，發生事項的結果卻大不相同，這就是循業發現的真諦。

相同命盤如何分辨差異？

由於紫微斗數的任何一張命盤，都不是某一個人獨有的，而是很多人共有，以邏輯學的觀點來說，共有的命盤不能推算獨有的命運，這是無庸置疑的。

因此，面對一張命盤，如果沒有參考當事人命盤以外的個人資訊，來區分相同命盤者命運上的差異，所推算出來的任何答案，都不能成立。

甲與乙兩人同時出生，命盤必然相同，甲已婚、乙未婚，探討兩人婚姻狀況，甲提供的資訊是已婚，乙提供的資訊是未婚，此時，甲必須再提供配偶的條件，進而可以推算甲的婚姻互動關係，由於乙未婚，因為沒有互動的對象，就無法推算乙的婚姻狀況。

舉這個例子可以清楚明瞭，面對命盤如果當事人沒有提供個人資訊，以婚姻狀況來說，當事人已婚或未婚，根本不會在命盤呈現，在不知對象時，要如何推算當事人的婚姻狀況呢？

紫微斗數的邏輯檢驗

以邏輯學若P則Q的觀點來驗證斗數命盤，得到的結論是，如果用甲的命宮天梁星，就推算甲的特質，那麼當乙的命宮也是天梁星時，乙的特質就必須要跟甲一模一樣！

事實上，甲跟乙是兩個不同的個體，兩個人的特質不可能一樣，因此，以命宮天梁星推算甲的特質，卻不能推算乙的特質，由此得知，天梁星在命宮，不代表任何特質的呈現。

丙的命盤有廉貞天相逢擎羊~路上埋屍，如果乙的命盤剛好也有廉貞天相逢擎羊，乙必然也要路上埋屍，請問，這可能發生嗎？

星性與格局，無論做再多的解釋，都無法通過邏輯學的驗證，因此可以斷定，書本中所論述的星曜賦性與格局，完全是無中生有騙人的把戲！

夫妻宮可以推算配偶特質？

很多人堅信，夫妻宮可以推算配偶的長相、個性、體格等問題，一位夫妻宮坐貪狼星的台灣男性，娶了一位俄羅斯白人老婆，要如何以夫妻宮推算他的配偶是一位身材高大的白人？

與他相同夫妻宮的台灣男性，在台灣一般的配偶都是台灣女性，他們有相同的夫妻宮，為何娶的對象卻差異如此之大呢？

為什麼會娶異國白種人，難道是夫妻宮貪狼作祟？可是很多人夫妻宮也是貪狼星，娶的卻是台灣人，又如何解釋呢？

很多師說與書說，強調夫妻宮可以推算配偶的背景，不知這些人遇到娶俄羅斯老婆與台灣老婆要如何區分？這些斗數謊言，一直戕害初學者，出版書籍者與教學者，是罪魁禍首！

濫竽充數

最近無意中發現，市面上出版了幾本星曜賦性的書籍，長篇闊論的描述每一顆星曜的特質與特性。

其實這些描述，都是自我陶醉自我想像，絕對不是放諸四海皆準的定律，不知作者居心何在？

在斗數論命的經驗中，只要談到星躍賦性，幾乎都是編造、瞎掰與胡扯，沒有任何一個星性可以運用在論命上。

節錄一段書中所述：

「坊間關於星曜賦性的書很多，卻不易找到一本層次分明、邏輯一貫的相關書籍，特別是對星曜賦性的理解邏輯。」

這段話矛盾百出，談到星曜邏輯，只要反問作者，如果甲與乙命盤星曜相同，他們兩人的特質是否相同？命運也要相同？如果特質不相同，命運也不相同，那麼星曜還有什麼賦性呢？

星曜賦性在論命時，到底能發揮什麼作用？到目前為止，還沒有人說的清楚，都是在和稀泥。

星曜在斗數命盤，只是最小單位的一種元素，元素永遠還是元素，不具有任何含義，如同英文中的ＡＢＣ一樣，永遠還是ＡＢＣ，不會變成字母，沒有任何含義，無論描述星曜賦性的文字再多，完全是自我想像的空間，不僅對算命沒有任何幫助，也不會增進基礎的養成，一切都是浪費時間！

星曜賦性書籍的出版，只能用一句話形容：增加垃圾車的重量！

無聊的斗數書籍

在研究斗數數十年的過程中，面對過無數同好，也閱讀過許多書籍與文章，只要有人提到星性、格局，直覺的想到又在誤人子弟了，一群門外漢充當內行人！斗數界現在出版的書籍，內容與三、四十年前，沒什麼太大的差異，還是星性、格局的論述居多，只不過是換湯不換藥，文字論述更是誇大不實。

例如：

紫微星~北斗帝星、陰己土、土生萬物、紫色、化氣為尊貴，乃為體而不為用；乃主事業之星，在命宮為壽星，有解厄、延壽、制化之功能。具有領導、權威的象徵。

天府陽土，南斗第一星，主延壽解厄司權之宿，又號令星。

殺破狼~白手起家、離家背井、辛勞一生。

機月同梁，性好安定、規律、自由，適合當謀士、顧問、機要參贊、個人工作、自由業或專業人士等。

這些星曜與格局的論述，都只是冰山一角，限於篇幅無法詳細轉載，其實論述再多，還是廢話一推，對任何研習者，絕對沒有絲毫幫助，近年來竟然還有人將無用的星曜賦性出版一系列書籍。

可惜，無緣與這些作者見面，真想問問他們，書中所論述的星性、格局，真的可以發揮其意嗎？

古代與現代的江湖術士？

所謂的江湖術士，古時候是：從事於卜筮、星相、巫覡、堪輿等，而遊走於四方的人。然而，近代人對於江湖術士的認知是：招搖撞騙、胡言亂語、騙財騙色、騙吃騙喝、怪力亂神等。

目前命理、風水、占卜界，充斥著不學無術的江湖術士，真才實學者少，不學無術者多。

電視、電台媒體上幾乎盡是：生肖算命、星座算命、斗數四化論國運、電腦算命等，這些算命方式都是模擬兩可、似是而非的答案，跟玩猜謎遊戲沒有兩樣，於是乎越來越多的人不相信算命。

風水界更是誇張，所有的言論，幾乎離不開尋龍點穴、刑煞沖剋、都是一些不切實際、危言聳聽、怪力亂神的論調，於是風水與現實生活脫節。

命理與風水必須排除與學術無關的論述，才能重拾大眾的信心！

改變命運？命運如何改？

只要談論到命理，幾乎每一位大師都標榜：「改變命運。」其實有誰能夠在未知未來之前，著手改變命運呢？

請教大師們，如果命運能夠改變，前提之下，是必須明確知道未來是不看好的，甚至是凶險的，然後將不順改變成順利？

舉幾個例來說，

(1)如果當事人今天買了股票，沒有人知道明天這支股票是漲是跌，輸贏都不可得知，所謂的改變命運，要如何進行呢？

(2)第二個例子，今天開設一家公司，沒有人能了解未來是成是敗，既然不知未來的走向，所謂的改變命運要如何執行？

(3)一對已婚的夫妻，從命盤觀察他們的婚姻，如果是不美滿的，請問要如何改變他們的婚姻狀況？難道改變後，婚姻就幸福美滿了？

其實，所謂的改變命運這四個字，不是在已經決定的事情上去做改變的動作，而是在未決定之前，了解假設決定後會有什麼結果產生，如果結果不是理想的，那麼就不要去做這個決定，這時候才是改變命運最佳的唯一方式。

斗數宮位探討，子女宮

一般書籍都是如此敘述子女宮的功能：

子女宮—主子女的多寡、好壞、資質優劣、個性、才華、健康、夭折、流產，是否孝順等。對子女的態度，子女與自己的緣份如何，成就高低，成長中的過程如何。也象徵性能力與性生活狀況。

子女的多寡，要以那顆星曜為準？如果斗數可以定量，那麼我跟我小學同學同時出生，子女宮一模一樣，是否我們兩人的子女數目要相同？

子女的好壞，是在談論哪一位小孩？兒子還是女兒？大兒子或是二兒子？

任何人的個性與才華，絕對不會呈現在命盤中，這是鐵的定律，任誰都無能為力！

最可笑的是子女宮可以推算性能力與性生活，以什麼為衡量標準？以什麼星曜確定？

一個子女宮有這麼多完全沒有交集的功能，到底要以哪一個功能為主？

斗數宮位探討，夫妻宮

一般書籍都是如此敘述夫妻宮的功能：

夫妻宮—主夫妻之間的感情、相處模式、個性、緣份、長相、體形、出身背景、宜早婚或晚婚、婚姻生活狀況、有無生離死別、另一半配偶的能力及發展如何

夫妻宮的功能幾乎都是胡說八道，試問，有人結婚第一次離婚，第二次婚姻很幸福，他的夫妻宮只有一個，卻有兩次完全不同的婚姻狀況，要如何推論？

夫妻宮如果可以推算配偶的體型，那麼相同命盤者的配偶，是否要長的一模一樣？

夫妻宮可以推算早婚或晚婚，那麼遇到出家人，一輩子沒有結婚要怎麼推算？

最可笑的是可以推算，與配偶的生離死別，這絕對是神仙在世，我個人可以提供十張以上的命盤，讓這些大師推算那一對配偶生離或那一對配偶死別？

一個夫妻宮真的有這麼多的功能，這些加油舔醋的文字描述，真不知書籍作者是否有此能耐，清晰準確的推算給大家開開眼界！

斗數宮位探討，兄弟宮

一般書上都是如此敘述兄弟宮的功能：

兄弟宮—主兄弟多寡，個性，和睦與否，相處態度，互動關係，緣分如何，未來成就發展如何，助力與否，有否夭折。朋友或事業合夥關係。乃推斷命造和兄弟姊妹的緣份、關係、感情如何？

首先提問，兄弟人數可以推算嗎？斗數唯一無能為力的就是量化，這是吹牛兼胡說八道！

兄弟的個性能推算的話，請問是要推算大哥、大姐還是小弟或小妹的個性？這是無知與幼稚！

相處態度與緣分、未來成就，這些都是風馬牛不相及的事，怎麼混在同一個宮位探討呢？

朋友與兄弟在人際關係上是完全不搭嘎的，兄弟有血緣關系，朋友則無，不能混為一談，兄弟數目有限，朋友則無此限制。

最可笑的是，竟然可以推算兄弟是否夭折，將斗數的功能無限膨脹、瞎掰胡扯！

近幾年來，有人提出父母宮代表父親，兄弟宮是父母宮的夫妻宮，所以代表母親，這種論述等於「亂倫」，搞亂血緣關係，兄弟跟母親怎能相提並論呢？

這種書籍與網路言論到處充斥，然而從來沒有人挺身而出予與反駁。

斗數宮位的探討，父母宮

研究紫微斗數祿命術，首先必須釐清宮位的功能，不能蒙混不清，有一些宮位的功能，存在著許多讓人不解的疑惑，提出來大家討論。

父母宮—光看父母兩個字，就知道與父母親有關，它的功能又是什麼呢？

(1)父母親的命運？

父母代表兩個人，必須明確指出，到底是探討父親還是母親的命運？

(2)與父母親的互動關係？

所謂的互動關係，有很多種，有子女對父母的孝順、有父母對子女的疼愛，有相處間互相的良好或惡劣的互動，確實的功能是那一種？

父母宮本身就具有矛盾之處，但目前為止，還沒有斗數書籍或研究者，肯定或確實的指出，父母宮探討的是父親還是母親，幾乎都是「天下烏鴉一般黑」，含混蒙蔽自己。

如果父母宮，代表父母兩人，父母兩人又是獨立的個體，一個宮位不可能代表兩個人，這是必須釐清的事實。

父母宮到底是代表父親還是母親，如果無法準確界定，那麼它還有存在的必要嗎？

斗數宮位誤區？

斗數命盤有十二個宮位，每個宮位都有名稱，探討相對應的事項。

可是，又有誰仔細思考過，為何父母宮無法推算父親或母親？兄弟宮到底是探討哥哥、弟弟還是姐姐、妹妹，子女宮要推算兒子還是女兒？

依照這種情形，這些宮位名稱，與實際的親情緣分脫節，變成一種很奇怪的現象，父母不在父母宮，兄弟不在兄弟宮，子女不在子女宮。

反對我所說的人，和否定我所質疑的人，歡迎大師們跳出來，以實際行動，用父母宮推算父親或母親，兄弟宮推算兄弟姊妹，子女宮推算兒子或女兒，應證一下你所反對我的言論，證實這些宮位其實有這些功能！

斗數論命的誤區

紫微斗數號稱天下第一神術，好像空有其名，因為未曾在書籍著作、媒體與網路上，遇到過真正的論命高手。

將斗數理論或結構，化簡為繁者比比皆是，這些行為根本沒有增加論命的準確性，都只是在文字敘述上加油添醋，添加一些不切實際的解釋，卻又求不出準確的答案。

以交友、婚姻、合夥這三件事來說，都與第二者有著密切的互動關係，到目前為止，有哪一位大師能夠，準確的推算當事人與第二者的互動關係？清楚告訴被論命者，與誰交朋友情感最佳？與哪一位對象結婚，婚姻絕對幸福美滿？與誰合夥保證會成功？

無論這些大師從胡亂更改後的所謂交友宮（僕役宮）、夫妻宮、事業宮觀察，絕對無能為力，也沒有毫無誤差的準確率，但是幾乎所有的大師，都以這些宮位來推論，其實這是斗數命盤的誤區。事實上，這些宮位與這些事項毫無直接的關係。

斗數命盤許多宮位的名稱，如父母宮，既無法推算父親也無法推算母親，如果因詞害義的去推算父母二人的命運或與你的互動關係，保證你永遠踩在誤區中的地雷上！

合夥？

與人合夥，個人的運勢雖然重要，但是合夥人的對象，才是決定勝負的關鍵！

人生在世，會因人而貴、因人而富，也會因人而敗，很多事情的成敗，往往不是本人所引起，而是所遭逢的對象影響所致！

與人合夥，要達到成功的目標，首先要投資事業的事項準確，再來就是合夥人的重要性，舉個例子，與甲合夥或與乙合夥，最後的結果絕對迥然不同，並非個人運勢所致，而是因為兩個合夥事業的合夥人不相同，才會有不一樣的結果，由此可知，合夥事業的成敗，決定在於合夥人是誰？

所以探討合夥事業，並非當事人命盤可以決定最後結果，如果沒有合夥對象的個人資訊為輸入當事人命盤的外在條件，無法求出正確無誤的答案！

婚姻？

婚姻成敗不是取決于命盤，而是什麼樣的結婚對象，決定什麼樣的婚姻狀況！

有人一輩子一次婚姻白頭到老，有人第一次離婚，第二次婚姻卻很幸福，有人結婚數次，依然離婚收場，有人妻妾成群。

無論何種婚姻狀況，命盤都只有一個先天的夫妻宮，因此傳統紫微斗數以先天夫妻宮，來探討當事人的婚姻狀況、結婚對象，絕對不正確，等於是緣木求魚。

決定婚姻成敗與幸福，不在於斗數命盤，而是結婚對象，相同命盤的人，結婚對象不會相同，所以婚姻狀況絕對不會一樣，因此用先天夫妻宮推算婚姻結果，實在是錯得離譜！

由此可知，斗數論命，絕大部分事項，要推算最後結果，必須有命盤以外的影響因素，探討婚姻狀況也必然如此，如果探討婚姻狀況，沒有配偶的資訊為輸入命盤的必須條件，到底在推論相同命盤者，其中哪一個人的婚姻狀況呢？

命盤，角色扮演與無能為力

人生在世，所渴望與追求的，不外乎妻、財、子、祿、壽。

簡單的說，妻—婚姻幸福美滿，財—財富、生活富裕，子—子女孝順、功成名就，祿—社會地位，壽—健康、長壽。

從紫微斗數命盤觀察，妻—婚姻幸福與否，與命盤無關，決定權在於配偶對象是誰？命盤在這裡無法發揮應有的功能。

財—財富、生活富裕，命盤有提示作用，何時是賺錢機會，還何時適合投資了，何時應該保守，以免損失錢財。

子—子女孝順、功成名就，命盤需要輸入子女相對條件，探討是否孝順，但是無法推算子女是否功成名就。

祿—社會地位，牽涉到所從事的職務與工作，命盤無法決定當事人從事何種職務與工作，必須由當事人提供。

壽—健康、長壽，身體的健康與否，有遺傳病因引起，有自身飲食與生活習慣引發，兩者不可混為一談，探討遺傳疾病，必須有父母為輸入條件，推算自身引發的疾病，命盤根本無能為力。

從這些論述中，可以了解命盤在哪些事項，有其扮演的角色，哪些事項無能為力！

斗數命盤的侷限

研究紫微斗數祿命術，必須依照原來創立時的設計原理與演繹方式推算結果。

斗數命盤有十二個宮位，各有其功能的名稱，且這些名稱都是名詞，將僕役宮更改名稱為交友宮，交友兩個字是動詞，與斗數設計原理不符合，所以不能一錯再錯，宮位功能有誤，就無法正確推算相關事項的結果。

違背基本設計原理的結構，紫微斗數就不再是紫微斗數了。

紫微斗數創立之時，並沒有股市的存在，所以斗數命盤無法推算股市的漲跌，因為超越了斗數的功能。

斗數祿命術，有可推算與不可推算的界線分野，不能推算的事項，就算花費一輩子的心血，最後還是一場空。

斗數可推算事項，包括：事業、婚姻、投資、交友、置產等，推算結果會有吉凶禍福、成敗好壞產生。不能推算的事項，包括：長相、體格、個性、思想、疾病的種類、父母兄弟子女的命運等，無法具體呈現且與當事人命運無關之事項。

辯證與邏輯

研究紫微斗數祿命術，必須具有辯證能力與邏輯思維。

對於書中所言，無論是星曜、格局或者是宮位功能的論述，與演繹方式，如果具備辯證能力，就能讓很多謊言露出真面目。

再者，斗數論命的邏輯思維不可或缺，具備邏輯思維，可以讓錯誤的理論無所遁形。

舉個例來說，幾乎所有書籍都說夫妻宮是探討未來配偶的條件，這句話聽起來好像有理，實則盲點重重，我們可以反問，同時出生命盤相同，夫妻宮也必然相同，這些相同夫妻宮者，難道他們未來的配偶條件會一模一樣嗎？

如果甲的命宮是什麼星曜，他就會有什麼特質，請問，如果乙的命宮星曜與甲相同，難道乙的特質也要跟甲相同嗎？同理，甲的命盤有格局，就會發生某種狀況，乙的命盤跟甲相同，是否也要發生一模一樣的遭遇呢？

這就是最簡單的辯證方式與邏輯思維！

命盤的外在環境？

許多研究紫微斗數者，都說外在環境會影響相同命盤不同命運，表示論命時，除了命盤以外，還必須輸入個人的外在環境為影響資料。

由此可見，命盤沒有決定當事人的命運，還需要加上外在條件。

其實所謂影響命運的外在環境因素有很多，包括：出生地、父母、成長環境、學歷背景、交友等等，但是說歸說、做歸做，要如何將外在環境的資訊，具體化後輸入到命盤呢？如果沒辦法將外在環境的條件，具體輸入到命盤，就等於空口說白話，毫無任何意義。

每個人都會說命盤以外的外在環境會影響當事人，由此可知，命盤沒有決定命運，受到以外的影響因素來決定命運，可是從來沒看到有人在算命時，將這些影響命運如此重要的外在條件輸入到命盤，結合命盤一起討論，都還是只在從單一命盤在論命，幾乎都是說的一套做的又是一套，根本無濟於事。

為何知識份子不相信算命？

遇到過幾個國外學者，與他們談論中國傳統的算命術，他們開口幾乎都是一句話：算命術用一個人的出生時辰算命，這種推算命運的方法，在邏輯學上，存在著很大的疑問！因為沒有考慮到，同樣時辰出生的人，他們出生的時辰一樣，可是命運完全不一樣！

其實，他們一語道出算命術的盲點，同時出生的人，怎麼分辨他們不一樣的命運呢？

老外的邏輯思考能力很強，尤其善於科學的辯證法則，他們認為如果單以一個人的出生時辰可以算命，就違背了邏輯學裡的「同一律」的法則，也就是若A則B的法則，這個法則說的很清楚，如果用A的出生時辰，可以推算A的命運，那麼只要B的出生時辰與A相同，A與B的命運就要一模一樣，這是絕對不可能發生的，稍有知識的人，就明白這個道理。

古代中國人，不懂邏輯學的理念，無可厚非，但是近代的一些算命師，有的也是高學歷，為何他們沒有邏輯思維呢？為什麼他們不去思考突破算命的盲點呢？為何他們明知傳統的方法經不起檢驗，而不思改進，去輸入同時出生者個人的差異條件呢？

很多研習命理的人，一方面宣傳命理是科學的不是迷信的，但是怎麼沒有想到，科學的命理卻禁不起邏輯推理呢？

與命盤相逢？

人—不可能得知前世是什麼？同樣道理，也不可能得知未來的命運是如何，紫微斗數命盤無法預知未來，更無法推測最後的成就！

斗數命盤可以分析當事人未來命運的趨勢，會呈現好與壞的命理現象，此時祿星與忌星為代表，當事人必須呼應良好的命理徵兆，才能成功順利，防範不好的命理徵兆，就能躲避災難臨頭。

主。

命盤沒有決定命運，更無能左右當事人意識思想與選擇決定，一切由當事人做主。

許多事情的結果，其實在命盤中，並不會呈現任何徵兆，就算有徵兆呈現，也於事無補，一切由個人選擇而定，就像婚姻的幸福與否，不是由命盤決定，而是由配偶對象決定，合夥事業的成敗也不是由命盤決定，而是由合夥對象決定，因此，選擇勝於一切。

所以斗數論命，不能全盤依靠命盤的取向，必須考慮命盤以外的影響因素。

人會因人而富，也會因人而敗，成敗之間，這個「人」是最大的決定因素，而不是命盤！

命理的認知

探討紫微斗數、子平八字祿命術，最重要的是了解命運的走向，然後如何去呼應命盤，以達到趨吉避凶的效果。

相同的紫微斗數命盤或子平八字的人很多，但是面對命盤的態度不一，呼應的事項也不同，於是造成命運截然不一樣。

命盤或八字，對於當事人私領域的範圍，無從得知，必須由當事人提供，包括個人的教育學歷、成長環境、父母資訊、事業選項、婚姻配偶等等，有這些相對條件，才能據以推算最後結果。

命盤或八字無法確定每個人的私領域範圍，因為相同命盤或八字的人，私領域完全不相同，推算個人私領域，等於在渾水摸魚。

推算個人私領域中的個性、長相等對於命盤或八字完全沒有吉凶禍福的徵兆呈現，浪費時間在這方面探討，也永無標準答案，令人不解的是，為何絕大多數命理研習者，喜歡在這方面著墨。

紫微斗數疑難雜症

這個世界每兩個小時（一個時辰）平均有三萬多人出生，命盤相同，命宮的星曜也完全一樣。

這些人來自不同的種族，有白種人、黃種人、黑人，從命宮的星曜，要如何分析他們外表長相？

這些人的家族遺傳基因不同，如何分析他們體格？

這些人的父母、家庭背景、成長環境完全不相同，如何分析他們的個性、人生觀不相同？

這些人的宗教信仰不相同，如何分析他們不同的福報？

這些人的職業不相同，如何分析他們不同的成就？

這些人的婚姻狀況不相同，如何分析他們不相同的感情世界？

同時出生命盤相同，有人進監牢行動受限制，有人自由自在，命盤會呈現何種徵兆？

命盤相同者，有人功成名就，有人默默無聞，要如何判斷？

命盤相同者，有人疾病纏身，有人健康自在，要如何區分呢？

以上所列事項，都是研究紫微斗數論命，需要思考的問題，你準備好了嗎？

同時出生，與相差十年同月同日同時出生，命盤完全相同！

時下某些大醫院的婦產科，在相同一個時辰（兩個小時）內，往往有同時出生的嬰兒。

如果提供這些性別相同，同時出生他們的命盤必然也相同，面對相同命盤時，請問要如何區分他們不同的長相？不同的個性？不同的體格？不同的特質？

如果無法區分這些不一樣的個人特質，那麼請問，平時面對命盤就推算當事人的這些特質，可信度是多少呢？

如果斗數論命，可以推算這些個人的特質，如果有某位醫生提供同時出生同性別的兩張命盤，看看那個自稱高手的大師，如何推算這兩人完全不一樣的特質？

斗數論命不是吹噓、自我膨脹就能應付了事，憑一張命盤就要推算當事人的特質，這屬於沒有真才實料，說的天花亂墜，對祿命術無法被大眾認同，實在是很大傷害。

不談同年同月同日同時出生，每相差十年，同月同日同時出生者，紫微斗數命盤也完全相同，要如何分析這些人不同的命運呢？

所以斗數論命，面對命盤時，必須要考慮相同命盤的人，實在是太多了，不能單從命盤來論命。

同時出生，命運南轅北轍

在台灣在大陸，我面對很多命理專家，他們喜歡吹噓，他們的算命多準確，包括人的生死。

在台灣的電視台，面對幾個命理大師，我曾經提出一個問題：台灣的馬偕醫院，一位莊姓婦產科醫生，在同一個時間（兩個小時）裡，接生了三個男孩，這三個小男孩的八字一樣，紫微斗數命盤也一樣，其中一個小孩，不幸在出生後的第四天夭折了。

一模一樣的命盤，兩個存活，一個夭折，我曾經請問過很多大師，哪一個小孩夭折？二十年來，沒有人回答我正確的答案。

在我的書中，我曾經說過，如果同命盤其中一個死亡，都不知道，如何能推算，一模一樣另外兩個存活的命盤呢？推算出來的答案是三個人中的哪一個？

我個人感覺，研究命理最大的瓶頸，就是這種問題，論命時所面對的命盤，如果沒有望聞問切之下，根本無從得知命盤的主人翁到底是存活還是早已死亡。

紫微斗數推廣的窘境

相信命理者，認為紫微斗數很神奇、準確，不相信命理者，認為以個人出生時間為基準，來推算命運是無稽之談，且同時出生者眾多，命運絕對不相同，但是推算命運的命盤卻相同，相同的出生時間，如何區分不相同的命運？於是信者恆信，不信者恆不信！

為何傳統命理，包括紫微斗數在內，在廣大民眾心中，居然有如此兩極化的評價？而無法像數學、物理、化學這些學術被完全認同呢？

原因在於推廣紫微斗數或肯定紫微斗數者，在論述或寫作時，無法清晰闡明斗數論命的基礎何在？與斗數論命的科學依據法則，如何區分同時產生命盤相同者，命運為何不相同，難怪會被打入怪力亂神與無稽之談之行列。

面對質疑者，都會振振有詞的說，因為父母、出生地、祖先風水，會影響相同命盤的人不相同的命運的，可是又拿不出確實的輸入到命盤的方式，多數研究者，絕大部分的解釋都含混不清，越描越黑，無法讓稍具知識者認同，這是紫微斗數推廣所面臨的窘境！

日月反背？

紫微斗數有「日月反背」之說，比如太陽在戌宮，太陰在辰宮，太陽在子宮，太陰在寅宮，就算是日月反背格。

這種說法，誤將宮位地支當作時間，太陽在戌宮，太陰在辰宮，以戌宮當作戌時，所以太陽無光，辰宮當作辰時，所以月亮無輝。

其實論斷日有光、月有輝，不是以宮位地支為準，是否應該考慮每個人出生的時間，來決定太陽的強弱，農曆出生的日子，來決定月亮的圓缺？這才符合日是否有光，月是否有輝的情況呢？

斗數論命沒有使用地支，為何談到日月反背時，卻突然冒出地支來，是不是無中生有呢？

日月的運轉有不變的規律，太陽東升月亮就西沈，太陽西沉，月亮就東昇，如何反背呢？反背之說違背實際狀況，不足為訓！

先破後立

探討學術的精神，在於先破後立，必須將錯誤與不切實際的理論排除，然後建立嶄新、有效的演繹方式，讓學術趨向於至善至美！

研究斗數也需如此，一些錯誤的理論與學說，必須排除殆盡，然後樹立可以實際運用在論命上的理論與推算方式，斗數才能脫胎換骨。

紫微斗數書籍，充斥著理論矛盾，宮位名稱與功能混亂，無法運用在實際論命的星曜賦性與格局，這些不正確的理論，誤導太多初學者與研究多年的研習者。

以疾厄宮為例，疾厄宮顧名思義是疾病與災厄，疾病與災厄在名稱上，風馬牛不相及，怎麼會在同一個宮位？還有父母宮，到底是代表父親還是母親？父親與母親是完全不相同的兩個人，竟然在同一個宮位。

學術研究在於揭發真相，如果學術理論含混不清，永遠都是各說各話，不會有真理存在。

斗數的星曜

三十幾年前，在偶然之中接觸紫微斗數，開始時翻閱書籍，內容盡是某星曜在命宮就會有什麼特質，在夫妻宮就會有什麼樣的婚姻或配偶，因此存著很多無解的疑問。

某星曜在命宮，就會有什麼樣的特質，心想相同星曜在命宮的人，特質會一樣嗎？驗證幾位命宮星曜相同者，發現他們的特質並不相同，於是確定這些說法是胡說八道，不足為訓。

某星曜在夫妻宮，就會有什麼樣的婚姻與配偶，其實婚姻狀況與配偶對象是完全兩碼子事，混為一談，已是指鹿為馬，更何況，夫妻宮星曜相同者，婚姻狀況相同？配偶長相一樣？就知這種說法是造謠、杜撰，也不足為訓。

研究紫微斗數，最可貴的在於自我的檢驗與辯證，稍微費點心力，立刻明白什麼論述可信，什麼論述是信口開河！

三十幾年過去了，市面上的書籍內容，還是千篇一律的在描述星曜在什麼宮會怎麼樣，絕大多數抄襲，或者作者添加一些自己的想像力，殊不知誤己誤人的行為一直在延續著，回首周圍研究斗數者，閱讀這些書籍後，可以增進他們論命的功夫嗎？

紫微斗數命盤的硬體與數據

研究紫微斗數，以應付實際論命為原則，避免將簡單的道理複雜化，也不必浪費時間探討永遠沒有標準答案的項目。

斗數有可推算與不可推算的範圍，比如，從個人命盤無法精準推算父母、兄弟姊妹、子女的命運，也無法推算每個人的特質、個性、福報等，這是鐵的定律，因為相同命盤者，這些事項不會相同。

浪費再多的時間在這些事項打轉，最後還是希望落空，回首前塵，有多少斗數研習者，在這些領域有重大突破呢？

研究紫微斗數，必須了解斗數具有兩大功能，一是推算吉凶禍福，二是指引趨吉避凶。

傳統術數：山醫命相卜，都有其功能的極限所在，漫無目標的膨脹其功能，對於術數沒有幫助，反而是一種傷害。

紫微斗數命盤固定不變，如果以命盤論命，而沒有輸入個人特有的資訊，相同命盤者命運必然相同，其實命盤猶如一台電腦的外殼硬體（Hardware）這個硬體是固定不變的，每個人的個人資訊，就是輸入電腦的數據（data），輸入的數據不同，螢幕上顯現的字幕或圖表，就會不一樣，斗數論命也是如此，命盤相同，輸入個人不一樣的資訊，呈現出來的結果必然不相同，這才是斗數論命的精神所在。

紫微斗數功能何在？

紫微斗數這門術數的創立，目的是要指引人們生命歷程中，應該如何避開凶厄之災禍，如何走向成功之路，也就是所謂的「趨吉避凶」。

既然標榜「凶」可以避，就表示凶厄之事，沒有必然會發生之狀況，同時又標榜「吉」可以趨，那麼「趨吉」與「避凶」，都是紫微斗數可以達成的功能。

很多研究斗數論命者，沒有思考運用斗數的「趨吉」、「避凶」，反而背道而馳，只是在探討跟趨吉避凶無關，也跟吉凶禍福無關的個人特質、性格，實在是令人不禁懷疑何謂斗數功能？

研究紫微斗數，卻不知道紫微斗數的功能何在，對斗數來說是情何以堪呢？

紫微斗數標榜「趨吉避凶」的功能，無論坊間書籍或媒體、網路所發表的文章，幾乎無人探討此功能，實在令人不解！

化忌、化祿與能量

說起能量，我們比較熟知的是大自然的能量，比如太陽的光能和熱能，雲層中的電能等等，其實，在浩瀚的宇宙蒼穹裡，一切存在的物質都有著各自的能量，不管是動植物還是自然界的山川河流、花草樹木，或是一切星體，乃至到一小塊石頭都是一樣，並且它們的能量還會彼此相關。

人類也有散發能量的能力，能量分為兩種，有正面的也有負面的，套用在紫微斗數命盤，就是化祿星與化忌星，化祿代表正能量，化忌代表負能量。

化祿與化忌呈現在命盤，就是一種提醒的徵兆，並不會完全應驗在當事人身上，一切要觀察當事人是否去呼應祿星或忌星，才能判斷吉凶禍福、成敗得失。

智慧者，往祿星所在宮位相關事項去發展，愚昧者，往忌星所在宮位相關事項去發展，就算命盤相同者，由於前進的路線不相同，最後結果南轅北轍！

命盤沒有決定吉凶禍福，而是決定在當事人所呼應的方向！

紫微斗數雜談

許多人找命理師算命，開口就是：為了表示你準不準，你先推算我過去發生的事。

這種說法聽起來好像很有道理，其實是一位不懂得命理的人。

無論從子平八字的天干地支八個字，或紫微斗數命盤，都無法在沒有提供任何資訊之下，推算過去。

原因很簡單，子平八字與紫微斗數祿命術，都需要提供當事人的出生年月日時，才能開始排列出八字或命盤，任何一個出生時辰，都不是某一個人獨自擁有，而是很多人共同擁有，如果憑八字或斗數命盤，就能推算當事人過去發生什麼事，那麼同時出生者，八字與斗數命盤相同，他們就要擁有一模一樣的過去，這是不可能發生的事情。

不懂命理者，以為祿命術是神仙術，在提供出生時辰後，就能推算過去與未來，社會上這種錯誤想法的人比比皆是。

紫微斗數要正本清源，命理師必須具備基本常識，不可瞎掰哄抬，誇張斗數無法達到的功能，這是命理師的職責。

精進與放棄二選一

生命有前進的方向，但是無法得知未來是好是壞，透過祿命術了解往後的運程，是任何祿命術標榜的功能。

然而，一些研究祿命術者，包括子平八字、紫微斗數等，忽略祿命術實際的功能，背道而馳，去探討與往後運程無關的事項。

紫微斗數不在於推算個人的性向、特質，由於相同命盤者眾多，相同星曜者，無法區分個別的特性，推算個人性向、特質，沒有學理依據，且並非每一次都準確，只是自我陶醉而已。

往後運程應該往什麼方向發展？要如何去呼應命盤的徵兆？何時可攻掠？何時需守成？這才是紫微斗數要發揮其獨特功能之處。

如果無法好好利用紫微斗數推算吉凶禍福、成敗好壞的功能，就失去研究這門術數的意義與價值，那麼不如放棄！

命運？

孔子認為命運是存在的，墨家反對命運的存在，墨子雖然承認上天的存在，但卻強烈反對命運天註定，並提出了「非命」的觀點。法家也認為人的貧與富，幸福與否是靠其個人努力，天是沒有決定命運的能力。因此，墨者和法家都不同意命運是註定的。

諸子百家有認為命運存在，也有認為命運不存在。

用現代觀點來看，「命」—在未成年時期，是無法自我掌握的，包括家庭教育、學校教育、生活的環境、出生的家世門風等。

「運」—長大後操控在自己手中，包括創業、投資、婚姻等，一切因自我的決定，而有成敗的結果。

到底是先天命重要，還是後天運重要?古代有顯著的階級之分，出生背景也許重要於一切，出生在王公貴族之家，也許一輩子榮華富貴，所以命重要於運。

近代已經打破傳統的階級制度，個人的努力，往往可以從布衣到卿相，從貧困到巨富，所以近代人運重要於命。

出生在什麼家庭，沒有人可以決定，所以命是無法選擇，也稱之為宿命，運可以選擇，所以稱之為非宿命。

宿命加上非宿命，等於命運，紫微斗數祿命術，無法探討宿命的部分，只能在非宿命之部分著墨，發揮影響運的走勢。

俗語說：認命，意指認清出生的家庭背景，而非認定一切的運，這才符合祿命術成立的宗旨，因為紫微斗數正是無法改變先天的命，卻能指引後天的運如何去呼應！

紫微斗數的邏輯觀點

邏輯學中有：

同一律（the law of identity）─事物跟其自身相等同，「自己」不能「不是自己」。

排中律（the law of middle）─事物只能有「是」或「不是」。

從這兩個觀點，我們可以了解在「同一律」裡，A與B同時出生命盤相同，如果用A的命盤，沒有其他個人資訊為輸入條件之下，推算A的一切事項，包括長相、體格、個性、特質甚至命運，那麼兩人的命盤一樣，所有條件皆要一模一樣，這就是單一命盤論命的盲點。

在「排中律」裡，所有事物只能有「是」或「不是」，沒有模擬兩可的答案。

紫微斗數論命必須符合此兩項條件，如果只是用單一命盤算命，相同命盤者，所有事項必然相同，只是不可能發生在生活中的情況。

斗數論命只有「是」成功或「不是」成功，「是」失敗或「不是」失敗，只能二選一，沒有好像與可能的字眼。

由此可知，紫微斗數論命沒有討價還價的餘地，也沒有模糊地帶。

紫微斗數的傳承

研究紫微斗數，首先要排命盤，再來就是了解先天、大限、流年各自擁有的十二個宮位，宮位名稱從命宮開始，接著是兄弟宮、夫妻宮、子女宮、財帛宮、疾厄宮、遷移宮、奴僕宮、官祿宮、田宅宮、福德宮、父母宮。

除了命宮是單一文字，其他宮位皆有兩個字，也代表兩種含義，如：父母宮代表父親與母親，疾厄宮代表疾病與災厄，官祿宮代表職務與薪俸，可是有一些盲點存在，如父母宮到底要推算父親還是母親，至今無人可以準確的回答，兄弟宮要推算哪一位兄弟？

先天、大限、流年各十二個相同名稱的宮位，其探討的功能卻不相同，必須釐清其功能所在。

斗數論命在推算吉凶禍福，化祿星代表吉祥、順利、成功，化忌星代表凶厄、挫折、失敗，必須以先天、大限、流年所化出來的祿星與忌星，決定事情最後的好壞。

由於論命時從命盤觀察，會有祿星或忌星會照、祿星或忌星自坐，或雙祿或雙忌夾某個宮位，因此必須熟練斗數論命程式的精髓──十喻歌，「十喻歌」的文字論述只有區區幾十個字，卻是整張命盤推算命運的精華所在，如：四面楚歌、千祥雲集、當頭棒喝等，使用「十喻歌」才能知曉吉凶禍福、成敗好壞的關鍵所在，論命沒有運用「十喻歌」，就像吃牛肉麵裡面沒有牛肉一樣，令人可惜的是，斗數的「十喻歌」這個瑰寶，至今了解其中之義與運用法則的人，有如鳳毛麟角！

最後也是最關鍵的問題，論命並非只是從命盤推算結果，還需配合當事人所提供呼應之事項，如中醫診斷病情的望聞問切，有什麼因必然發生什麼果，在命盤就會呈現一覽無遺！

福禍相依

俗語說：禍兮福之所倚，福兮禍之所伏，這句話表示福與禍是兩相隨。

斗數命盤無論先天、大限、流年，三種天干都會化出化祿與化忌，表示無論何時何地，每個人皆有福也有禍，不會只是一面倒。

由命盤觀察福與禍在何宮位，想功成名就、揚名立萬，就必須往與化祿所在宮位相關事項去發揮，必能嚐到成功的滋味，如果一昧的往化忌所在宮位相關事項前進，最後必然災禍臨頭。

斗數論命不在於背誦刻板的文字論述，必須具有實際驗證的能力，累積個案的經驗，才能面對命盤時，駕輕就熟！

斗數命盤沒有決定結果，所呈現出來的化祿與化忌，都只是警惕人們的徵兆。

如果選擇往與化祿宮位相關的事項去發展，就不會有忌星的干擾，也就不會遭遇挫折與失敗，如果選擇與忌星宮位相關事項去進行，由於忌星代表失敗與挫折，受到忌星的干擾，挫折與失敗最終必然臨頭。

斗數論命的奧秘，取決於當事人的選擇，選擇決定最後結果。

紫微斗數論命程式的精髓，十喻歌

斗數論命有其獨特的論命程式，「十喻歌」就是精髓！

「十喻歌」的歌詞有：(一)本方吉：謂之由內自強。(二)本方凶：謂之從根自伐。(三)對方吉：謂之迎面春風。(四)對方凶：謂之當頭惡棒。(五)合方吉：謂之左右逢源。(六)合方凶：謂之左右受敵。(七)鄰方吉：謂之兩鄰相扶。(八)鄰方凶：謂之兩鄰相侮。(九)方宮皆吉：謂之千祥雲集。(十)方宮皆凶：謂之四面楚歌。

雖然其中內容還不到近百個字，卻是推算任何事情所必經過程的演繹程式。

一般斗數研習者，死守星性與格局，卻放棄真正論命精華的「十喻歌」，令人不解。

在斗數論命的演繹過程裡，答案要正確精準，無法脫離「十喻歌」的範疇，雖然只有短短幾十個字，「十喻歌」卻囊括了所有斗數論命的方法。

推算結果要準確，只能依循「十喻歌」的論命方式，如果論命捨棄「十喻歌」，猶如失去方向盤，行駛在大海中的船一樣，要達到論命的目標，難如登天！

從紫微斗數命盤，走向成功之路

只要有正確的出生年月日時，就必然可以排列出紫微斗數的命盤。

由於同時出生者眾，命盤必然相同，因此無法從命盤判斷當事人最後的成就或榮枯興衰，否則相同命盤者，成就就要一模一樣！

斗數命盤會呈現命運行走的軌跡，此軌跡，並非判斷當事人的結果，而是提醒當事人如何去應對，每一張命盤，都會呈現吉祥與凶厄之兆，如果呼應吉祥的徵兆，必然有吉利之事發生，反之，呼應凶厄之徵兆，就會有劫數難逃之厄運。

命盤決定命運走向，但是如何應對，決定權在於當事人手中，在未知當事人的選擇之前，從命盤判斷結果，是猶如瞎子摸象，不可能有正確的結果。

成功之路在於，觀察吉祥徵兆呈現在命盤的什麼宮位，著手與此宮位相關的事項去努力，成功將非困難之事，失敗的結局，在於命盤中出現凶厄之兆的宮位，當事人卻去呼應與此宮位相關的事項，必然迎接災厄的到來，想成功順利，只能去呼應吉祥之徵兆，躲避凶厄之徵兆，失敗與挫折將離你遠去。

研究紫微斗數論命，必須有具有清晰的邏輯思維，正確的命理觀念，堅強的辯證能力，最後就是實際命盤的論命經驗！

斗數論命的難題

西元一九七六年，轟動台灣的連體嬰張忠仁、張忠義誕生，連體的兩個人必然同時離開母體，也就是所謂的同時出生。

二〇一九年二月一日，張忠仁不幸離開人間，兩個人出生時辰相同，命盤必然也會相同，研究紫微斗數命理者，應該要如何區分兩個人的命運呢？

命盤相同的兩個人，張忠義有結婚，張忠仁卻是一直單身，要如何從他們的夫妻宮，推算哪一位結婚？哪一位未婚呢？

兩個人命盤相同，父母也相同，為何有一位會先離開人間呢？要如何來區分，兩個人壽命不一樣？

喜歡單從命盤就鐵口直斷的人，這種情況之下，要怎麼推算兩兄弟不同的命運？

正常情況下，人類是一胎生，雙胞胎、多胞胎屬於特例，常例與特例，不能混為一談，雙胞胎屬於特例，不能用常例的演繹方式推論，這是無庸置疑的！

學術探討與良知

做人處事有三不原則，即不偷、不盜、不搶。學術研究也有兩個基本原則，就是不抄襲、不仿造。

放眼紫微斗數界，蓬勃發展三、四十年至今，所有出版的書籍，到底有幾本書籍是作者嘔心瀝血的精彩傑作？令人遺憾的是，幾乎都是剽竊古書或他人的著作。

剽竊他人的著作據為己有，用現代人的眼光來說，就是侵犯智慧財產權，抄襲古書就是許多所謂的山寨版，這些書籍都不是作者個人的作品，所以根本沒有資格冠上個人的姓名。

如果仿冒古書或抄襲他人的作品，至少要附註此文字論述出自何處，讓讀者了解這不是作者的著作，這是作者引經據典自何處而來，而不是個人的著作，如此就不構成剽竊與抄襲，這是最基本的學術良知！

斗數界盡是一群不具備知識份子者該有的學術良知，剽竊與抄襲成風，然後冠上自己的名字，就據為自己所有，這是令人無法接受的事實，難怪數十年來斗數界停滯不前，根本沒有進步可言。

目前市面上所出版的斗數書籍，幾乎都是天下一大抄，閱讀一千本與閱讀一本，沒什麼差異之處，讓人不禁捏把冷汗，侵犯智慧財產權竟然如此明目張膽！

星性之爭

研究斗數者，絕大多數都陷入星性的泥沼中，對於星性的使用，千篇一律的定了性，如何推論個人特質與命運。

讓大多數人無法面對命盤論命，始作俑者就是定性的星曜賦性，當要使用星性推論特質與命運時，是否仔細考慮，命宮相同星曜的人很多，可是他們的特質與命運不會相同，如果以星性推算特質與命運，等於認同只要命宮相同星曜，因為星性相同，所以特質與命運必然相同，這種思維是經不起邏輯檢驗的。

如果以星性論命，就表示任何人的命運，都跳脫不了星性的框架，命運變成宿命論，毫無改變的機會，這跟現實生活中，人會隨著時間與大環境而改變，背道而馳，不符合祿命法則。

我個人認為，論命可以推算事情的吉凶禍福，成敗好壞，就是不能推算個人的特質，否則相同星曜的人，特質都要一模一樣，推命論運須要整張命盤通盤檢討，觀察先天大限流年各個宮位的牽引，才能判斷最後結果，星性無法推算吉凶禍福，成敗好壞，論命時絕對不是命宮坐某顆星曜，就會有某種特質與命運，這才符合邏輯學的推理。

斗數的前世與今生

我個人常常思考，斗數祿命術的創立，是具有當時時代背景的產物，試想，古代凡夫走足不識字者眾，唯有少數讀書人，可以涉足這門術數。

除了富貴人家，廣大貧困的百姓，應該沒有什麼人，有能力支付潤金找人論命，應對這些找人論命者的身份，不是出將入相者，就是富有人士，於是才有一些不會呼應於一般窮苦百姓身上的格局，如：火貪—威權出眾，貪昌—政事顛倒，陽梁昌祿—人主貴，地劫地空—半空折翅，鈴昌陀武—限至投河等，這些危言聳聽的格局。

古代還有與現代人不同的階級制度，奴役者終身為奴役，連翻身的機會都幾乎是零，哪來威權出眾？一輩子打雜，哪來半空折翅？連大字都不識幾個，哪來政事顛倒？沒有讀書，哪來陽梁昌祿富貴的一日呢？

由此可知，是否這門祿命術，所針對的對象，與一般凡夫走卒，應該沒有什麼關係，反而與富貴之人關係密切。

出將入相或從事商業行為者，才有可能想預知，未來他們是威權出眾，政事顛倒，遊走各地的商人，才會有一夕風雲變色，走頭無路，而限至投河，半空折翅，路上埋屍的格局產生。

古代一夕之間抄家滅族，連自己的命運都無法掌握，這都是富貴人家所恐懼的，好像跟一般窮苦百姓關聯不大。

例如《十喻歌》中的《四面楚歌終必敗，千祥雲集自然亨》，《易躲當頭一棍棒，難防左右襲兵來》，這些論述也與奴僕，或窮苦百姓沒有切身相關，斗數的創立，是否跟這種大環境息息相關？富貴人家爭相推算未來吉凶禍福，以保身家，不得而知。

斗數祿命術的創立，有其不可複製的時代背景，然而現代現實的社會，就算出將入相，也很難威權出眾，事業失敗然後路上埋屍的情況也不多見，現代人運用這門術數，在觀念上，是否也應該做適當的調整呢？

閱讀書籍你會論命嗎？

斗數書籍這麼多，用多如牛毛來形容，並不為過，幾乎每個初學者或研習者，手邊都會有幾本書籍當參考，但是自己捫心自問，這些書籍對你在論命時，有什麼幫助呢？答案肯定是沒有。

既然沒有幫助，為何還有這麼多的人，在購買斗數書籍？

一般來說，閱讀書籍，可以增進相關學術的知識與常識，我個人覺得斗數書籍更好相反，不僅沒有增加知識，反而擾亂思緒。

原因無他，斗數書籍不是在正確的道路上行走，原則上，應該探討演繹過程，應該提醒讀者別走入死胡同，卻偏偏相反，不是定性的星曜賦性，就是定量的格局結構，這些都是死板板的教條，不然就是胡說八道的理論，死板板的教條，無法運用在論命上，胡說八道的理論，干擾讀者走向正確道路，所以絕大部分的讀者，閱讀再多這類書籍，依然對實際論命茫茫然。

試想，閱讀定性定量的星性與格局，實際論命時，有多少派得上用場？忌星飛來飛去，飛到眼花撩亂，要判斷結果時，可以精準拿捏嗎？宮位名稱胡亂更改，到底在推算特定的什麼人與事，都混淆不清，如何有正確答案呢？

斗數研究與教學的心路歷程

接觸斗數，開始時我就深知書中所描述的不可信，因為對照許多親朋好友的命盤，無論是個人特質，個性與長相，還有命運的走勢，完全與書中所描述的不符合，認為書本內容言過其實。

沒有書籍當參考，也沒有人可以切磋，還好，我孰記命盤的十二宮位，每個大限命宮與其餘宮位，雖然名稱不變，卻會物換星移，且由大限所在宮位之天干，所引發的四化，才是整張命盤的主宰，每個人命運不同，是大限所引發，至於流年每個人共用，是合理現象，因為，沒有人能脫離當下的時空，今年是哪一年，全世界所有的人，都在今年的時空裏，至於小限，我認為是無稽之談，一個年度，不可能有大家共同使用的流年，還有個別差異的小限，且流年怎麼可能有兩個命宮？

論命時，大限為主軸，以大限所引發的四化，觀察是引動到先天，大限還是流年的宮位，流年四化只是輔佐大限，無法獨立運作。

由於命盤有先天，大限，流年的四化，化祿，化權，化科，化忌四種，論命經驗累積後，可以發現，化權與化科，根本對事情的好壞成敗，吉凶禍福，沒有絲毫的影響力，於是我個人慢慢拋棄化權與化科，不再使用。

既然斗數論命是要推算最後的成敗好壞，榮枯盛衰，兩種結果絕對是對立的局面，天下事不可能那麼如意，化祿化權化科都是正面能量，只有化忌是負面能量，於是更確立我只使用化祿與化忌的意念，多年來，光是使用化祿與化忌，在論命上得心應手。

三十幾年的斗數歷程，有五、六年的時間，專注於教學紫微斗數，我都會告訴學員，忘掉你以前所學的，或以前對斗數的認知，從新開始，會有百分之百與以前完全不一樣的命理觀念與推算方式，兩年前開始又恢復教學，依然秉持這個理念。

上課時，我沒有資料也沒有講義，我強調，任何人只要會看命盤，我就敢保證他論命精通，至今，我沒有讓任何學員失望過！

兩種組合，決定全人類的命運

紫微斗數命盤，只有兩種組合，一種是紫府相組合，一種是機月同梁組合，全世界的人，都脫離不了這兩種組合。

紫府相組合，包括紫微，天府，天相，七殺，廉貞，貪狼，武曲與破軍，機月同梁組合，包括天機，太陰，天同，天梁，太陽與巨門。

所謂的殺破狼格局，都包括在紫府相組合，巨日格，包括在機月同梁組合，每一個大限走紫府相組合，下一個大限一定是機月同梁組合，如果目前走機月同梁組合，下一個大限，一定是走紫府相組合。

我個人論命，不只是觀察三方四正，其實是觀察組合的六個宮位，以命宮來說，一般都是觀察財帛宮，遷移宮與事業宮，我也加上福德宮與夫妻宮，試想，夫妻宮的祿忌，是否影響遷移宮與事業宮？福德宮的祿忌，是否影響財帛宮與遷移宮，既然財帛宮，遷移宮，事業宮會影響命宮，那麼影響這三個宮位的夫妻宮與福德宮，當然也會影響命宮。

有了這兩種組合的區分，很容易了解事情發生是表或裏，當意外發生，是左手還是右手受傷，是左腳還是右腳受傷？

當深入探討可以發現，這兩種組合，可以區分表裏，前後，左右，上下，男女，新潮傳統，因此也可以探討當事人外在與內在遺傳，來自父系或是母系，繼而可以判斷出生時辰準確不準確。

研究斗數的心得

研究斗數論命，要從其既有的結構，去發覺真相，才能更進一步地正確推命論運。

紫微斗數命盤只有兩種組合，一種是紫府相組合，包括了殺破狼格局，一種是機月同梁組合，包括了巨日格。

傳統的學習者，幾乎百分之九十九，誤認為，紫微天府是領袖群倫的星曜，殺破狼具有衝刺的特質，機月同梁為吏人，只適合上班族，其實我個人認為這是錯誤的觀念，社會上政治人物或大老闆，剛好與這種論述相反。

試想，紫府相組合中有八顆星曜，紫微，天府，天相，七殺，不會化祿與化忌，其餘的廉貞，武曲，貪狼，破軍會化祿，但是破軍不會化忌，反觀機月同梁組合，六顆星曜都會化祿，只有天梁不會化忌。

論命在於探討吉凶禍福成敗好壞的結果，這結果一切由祿星與忌星執掌，不會化祿與化忌的組合，就會失去其波動與衝刺性。

紫府相組合，只有遇到天干為癸甲或戊己時才會連續化祿，但是機月同梁，只要遇到天干為乙丙丁或庚辛壬時，都會連續化祿。

由於時間有其延續性，今天創立某種事業，以當事者來說，會延續至二、三十年，甚至四、五十年後，事業還在持續的進展，當事人還在坐收其果實，這些種種原因，就是時間一直延續的因素。

我們都知道，化祿代表成功順利，化忌代表失敗挫折，如果沒有祿星持續的護持，事業不可能一直往成功的道路上行進。

君不見，如陳水扁，王永慶，在不同的領域中，都因為延續性的化祿來引動，所以成為他們自己的領域中的佼佼者，觀察他們的命盤，都是機月同梁組合，只有這個組合可以延續三十年甚至五、六十年的好運勢，才能成就他們領袖群倫的事業。

我推算過無數的政治人物與大老闆的命，幾乎有一個特色，都是機月同梁坐命宮，由於他們受到命宮三方四正化祿星的連續引動，才會造成他們擁有連續幾十年的強運，也形成他們衝刺的動力，至於命宮紫府相組合者，起伏波瀾不明顯，往往趨於守成的心態，跟機月同梁無法相提並論。

以自己命盤，推算別人的命運

講一句坦白話，也許沒有人會相信，以為是在白日說夢話，我經常以一張固定的命盤，為人論命，推算住家周圍環境，且答案依然正確。

我所謂的固定命盤，就是我自己的命盤，以借盤的方式，讓我面對的當事人使用。

社團有許多跟我學習斗數論命或斗數論風水的學員，許多都親身經歷過，我不必他們提供出生時辰，也不必提供他們的命盤，無論是推算近幾年來的運勢，或他們住家的周圍環境，也沒有推算錯誤。

這種經驗，我個人也說不出所以然來，但是經歷多次的經驗，深深感覺，斗數是一門奧妙的術數。

將自己的命盤，借給對方使用，無論是推算運勢，或推算住家周圍環境，竟然還能準確，連我自己都驚訝不已，近二十年來，我卻樂此不疲，包括來家裡找我論命或看風水者，我不必當事人提供命盤，只要提供我所需之資訊，就能直接推算，他們的運勢，或住家周圍環境。

說這些經歷，許多人會有一種講神話的感覺，但是我絕對不會跟欽天門飛星派一樣，胡說八道，瞎掰胡扯，如果存有質疑的人，或對此有興趣者，可以自己嚐試看看。

斗數清談

從接觸斗數到現在，我獨排眾議，不談星性，不論格局，也不探討化權化科與廟旺利陷。

因為在多年的摸索與論命經驗，得知這些都對斗數論命 並沒有實質的幫助。

絕大部分的研習者，不認同我的說法，但是使用星性格局，化權化科或廟旺利陷者，有誰又能精準推算當事人的命運呢？

斗數論命在於，當事人要推算什麼事項，如果所問之事已進行中，那麼答案就會呈現出來，如果只是考慮中，還沒有實際執行，那麼就從命盤告知其未來走向，這才是論命的真實目的，也才能在未執行之下，走向趨吉避凶，但是已經在進行中的事項，想改變最後結果，就難上加難，一切由當事人的所做所為，決定最後結果。

斗數論命強調臨場應變，不是背誦星性格局，廟旺利陷，至於化權化科，以我個人的經驗，考試升官也需化祿來扶持，試想，人生在世十之八九不如意，世間事本來就是二元對立，不是好就是壞，不是成就是敗，不可能化祿化權化科三種都是吉祥之兆，而不如意的只有一個化忌，這不符合二元對立之比率原則，吉凶成敗絕對是二元對立，有其不變的定義存在。

大限影響先天、主宰流年

紫微斗數的命盤有先天、大限、流年，三種不同等級的宮位，論命絕對不是單從某一個等級宮位去判斷事情的最後結果。

舉個例來說，推算當年的吉凶成敗，絕對不是只有考慮流年宮位的走勢，要考慮流年受到大限十年的牽制，大限運勢差，無論流年的三方四正再怎麼強勢，還是無法發揮強勢的流年。

命盤的先天有如大樹的根，大限猶如是大樹的枝，流年就像大樹的葉，當枝幹枯萎衰敗，葉子怎麼可能繁茂呢？

雖然先天就像大樹的根，主宰整棵大樹的生命，但是根卻是深埋在土裡，無法以肉眼決定其是茁壯還是衰敗，必須從枝幹的興衰判斷，甚至樹葉的茂盛枯萎，也受到枝幹的牽制，整棵大樹的生命力，也是以觀察枝幹來決定大樹的榮枯，由此可知，大樹的枝幹，主宰整棵大樹的命運。

我個人認為，斗數論命的道理也是如此，大限的強弱決定先天命宮的興衰，主宰流年的成敗，因此，我將大限設定為整張命盤的根本。

無論先天出生貧窮或富貴，並不會影響後天的企圖心，大限才是當下，在大限的運程中，所進行的一切行為，關係著整個命運的興衰，不只影響先天格局，也主宰流年的運程，因此，論命沒有考慮大限的重要性，只是在先天宮位打轉，論命怎麼可能掌握時勢呢？

三度空間的牽引

斗數有先天、大限、流年，三個不同層次的宮位，姑且稱之為三度空間。

想要精通斗數，靈活運用論命技巧，請問你對斗數命理結構懂多少？是熟背星性？還是牢記格局？所學的理論基礎，可以不可以運用到實際論命上？這些都是關鍵所在。

論命時要有「一理應萬事」的認知，不能面對命盤，就直接判斷有什麼事項發生，這個所謂的理，就是命理的理論基礎，以相同的理論結構，推算出來的結果會不相同，如果沒有這種認知，往往會認為，什麼理就一定產生什麼事情的結果，一個是變化莫測的結果，一個是固定不變的結果，兩者間的差異何其大，如果思維不正確，沒有考慮先天大限流年，三度空間的相互牽引，與互動關係的變化，論命的準確度當然降低，甚至是牛頭不對馬嘴。

很少研習者對斗數論命有清晰的思維，具有正確的祿命觀，且都忘了實際命盤推算然後印證，是最快速簡潔步入斗數殿堂的方式，空口說白話，對論命也不會有所幫助。

論命沒有配合先天大限流年三個不同層次的互相感應，絕對沒有辦法準確的推算結果，事情或命運的變化，離不開這三種層次的互動而產生。

斗數論命的變與不變

易經中的「易」這個字的意義，乃是「變化」，人隨時都在變，人世間最直接、最受影響的就是變化，研究斗數論命，就是要抓住任何事情變化的方向。

從易這個字的道理，引申到斗數論命，要了解命盤是固定不變的，但是面對的當事人或事項，卻是變化無窮的，如何在不變的命盤中，精確的去推算，隨時在變換的人與事情的結果。

許多斗數研習者，只知從固定的命盤，依據書中所論述的去推算刻板的答案，這與事實不符合，因為人與事都不是靜止不變的，所以可以認定，刻板的命盤無法推算變動的人生。

斗數論命答案要正確，必須抓住人與事的變化，然後以不變的命盤，結合變動的人與事，才是斗數論命的真正意義所在，此時，最重要的就是要加上命盤以外的一些影響因素。

固定的星曜，無法推算變化的個人特質，因為相同星曜者，隨時都在變化，固定的格局，無法推算變化的人生，因為相同格局的人，命運隨時在變動，這是斗數論命最基本的常識，竟然是很多人無法突破的關卡！

共有與獨有，共有的命盤與獨有的命運

我們都知道，同一個時辰（二小時）裡，全世界有許多人出生，根據聯合國的粗略統計，大約有三萬人左右，男女平均各佔一半，也就是男女差不多各有一萬五千人命盤相同。

無論男女同時辰出生者，命盤必然相同，可是他們的命運卻完全不一樣，於是會有一種情形發生。就是大家雖然擁有共同的命盤，卻也擁有完全不同的命運。

如果論命時，只是用一張大家共同擁有的命盤推算，所推算出來的結果，就屬於大家共同的答案，這就跟邏輯學所說的同一律一樣，如果用甲的命盤可以推算甲的命運，只要乙跟甲命盤一樣，兩人命運就要相同，這跟事實不符合。

這種情形之下,要如何從共有的一張命盤,去判斷完全不相同的獨有的命運呢？

首先必須了解，斗數論命是「一理應萬事」，一個相同的命盤出現的徵兆，會在不同人的身上，發生不一樣的事情，如果沒有掌握當事人各自的私有條件，就無法分辨相同命盤發生不一樣的結果。

掌握各自私有條件後，必須望聞問切，才能推算只屬於當事人獨有的結果，這是斗數論命必須且不可或缺的過程，否則無法區分相同命盤不一樣的命運！

未來不可預知，生命才有尊嚴

沒有人能知道明天會發生什麼事，未來是什麼？

任何祿命術的功能，包括子平八字、紫微斗數，在不知當事人做甚麼決定與選擇之前，也無法從命盤判斷明天將發生什麼事，未來將會如何！

由此可知，紫微斗數不是預知術，只能在有相對條件之下，用已知事情的因，去推算事情的果。

選擇投資股票，就會有輸贏賺虧，選擇開公司，就會有成敗，輸贏與成敗，決定於何時種的因，如果當事人沒有提供個人投資股票或開公司的因，命盤是無法推算股票賺虧或公司成敗。

同樣道理，在沒有當事人提供任何資訊之下，無論命盤呈現什麼徵兆，都無法推算任何事項的結果。

因為相同命盤者很多，所以從命盤來觀察，並沒有決定一個人的命運，每個人一生的榮枯興衰，都是由於他在生命歷程中所作的決定跟選擇，來決定未來的走向。

沒有因就沒有果，種不同的因，會有不同的果，沒有種因之前，未來是不可預知的，就因為如此，所以生命才有尊嚴！

紫微斗數的核心理論

傳統五術的發展，雖然流傳到現代，有很多人涉足，甚至終身精心鑽研，但是說難聽一點的話——由盛而衰！

古代在術數界，無論子平八字、紫微斗數、奇門遁甲、風水等，人才輩出，反觀近代人在術數方面精通者，寥寥無幾，能獨領風騷者，更是放眼天下，見不到半個。

任何一種術數的創立，都有它的時代背景，與當時社會狀況，以現代人的眼光，要深入一探究竟，本就是困難重重。

不僅如此，許多人自作主張，隨意將古老術數變更其固有的功能，如奴僕宮，古書的字義上就是奴隸與僕役，古代是有奴隸存在的，可是近代以來，奴隸在社會上消失無蹤，只能衍生為員工、下屬，偏偏就是有人要將奴僕宮更改為交友宮，斗數的十二個宮位都是名詞，如：命宮、夫妻、官祿、田宅、奴僕等除了命宮的命是單一個字以外，其餘的十一個宮位，都是兩個字，現在有很多人，不明就裡，將奴僕宮更改為交友宮，交友兩個字是動詞，不符合斗數十二個宮位，創立的核心意義，在命盤中使用交友宮是站不住腳的，因為奴僕宮不是探討交友的所在宮位。

斗數流傳近千年，要探討其奧秘，必須遵循古老的推算方式，不能以現代人的眼光，推翻古人所定立的論命法則，否則會變成四不像！

紫微斗數論命？

紫微斗數創立近千年，有無數的人研習過，終其一生鑽研的人也不少，尤其近數十年來更是蓬勃發展。然而至為可惜的是，絕大多數的人，都是在星曜、格局與單一宮位下工夫，真正有所突破者，如鳳毛麟角。任何術數的書籍，所論述的學理，都是刻板僵化的，包括紫微斗數也一樣，唯有在論命時，將冷淡刻板的命理教條，靈活自在運用，才能走向精準之道路，否則就變成填鴨式公式化的術數，無法應付變化無常的人生，與所要探討事項的結果。

千百年來，研究紫微斗數者眾多，可是有所突破或有精確見解者少之又少，這不是紫微斗數的原罪，而是研究者沒有真正了解斗數宮位、架構的意義，也沒有知曉斗數的確切演繹方式，幾乎都是人云亦云，牢記錯誤且不實用的方法。

紫微斗數命盤沒有決定命運，命宮的星曜更沒有決定當事人的個性與特質，否則同時出生命盤相同者，命運、個性、特質皆要一樣，斗數論命絕對不是命宮星曜、命盤格局、單一宮位可以左右當事人的命運，必須參酌三方四正與祿星忌星的引動，還要加上當事人所提供的資訊，觀察當事人呼應什麼事項，才能決定其最後結果。

依通

佛教有五類神通：報通、修通、鬼通、妖通、依通。

羅漢六神通：天眼通、天耳通、他心通、神足通、宿命通、漏盡通。

依通—依靠物質的工具來達到先知的情形，如卜卦、算命……這些都是依通，醫生用聽筒為病人診斷疾病，也是屬於依通。

醫生依靠聽筒診斷出疾病，是醫生的醫學常識使然，借助聽筒而得知疾病的種類，並不是聽筒本身診斷出疾病。

紫微斗數命盤與出生八字，都是用來算命的工具，也是一種依通。

因此，任何斗數命盤，並沒有決定當事人的命運，因為相同命盤者眾多，命盤無從決定其中某一個人的命運。

決定命運的因素很多，卻不是呈現在命盤之中的星曜、格局、宮位，使用命盤要推算當事人的命運，需要配合命盤以外的個人獨自擁有的條件，如：父母、配偶、合夥人、子女等，才能針對當事人的遺傳基因、婚姻狀況、合夥事業判斷最後的結果。

命盤並不會呈現當事人的父母狀況、配偶是誰、子女幾個、合夥對象等，這些都只有當事人所獨有的個人訊息，如果當事人不提供這些訊息，配合命盤一起推算，只是使用命盤論命，依然被侷限在命盤裡，沒有命盤以外的個人條件，來證明所推算出來的命運，只屬於當事人，這種方法是應該淘汰的。

斗數論命要精通，命理基本觀念與正確的演繹方式，必須先確立，否則只有白忙一場！

祿命術無法推算個人私領域

任何一張紫微斗數命盤，並不是只有一個人擁有，而是很多人共同擁有。所以命盤不會呈現個人的特質、個性、長相、體格、價值觀與人生觀。如果論命是在探討這些沒有特定對象的個人私領域，就失去祿命術創立的意義。祿命術的功能，在於推算個人的吉凶禍福與榮枯興衰，是探討人事物中的事，沒有辦法推算人的特質與事情的來龍去脈。

如任何事情有因就有果，可以推算最後的成敗好壞，至於人，無法判斷是好人或壞人，只能推算兩人互動關係的成敗與好壞。

人事物的物，在命盤中無法物化與量化，例如購置不動產，命盤無法推算購置土地的大小或房子的坪數，唯一能夠推算的是，購置後能否賺錢。

祿命術有其侷限之處，並非任何事情都可以推算，因人而異的外表特徵、內在特質，甚至是價值觀、人生觀、前世福報等，這些個人私領域，完全都沒有辦法越雷池一步。

祿命術的功能，不在於推算這些沒有準確率的個人私領域，且這些私領域與命運無關，祿命術所探討的是與命運息息相關的吉凶禍福、成敗好壞、榮枯興衰！

百花齊放、百家爭鳴

春秋戰國時代，是中國文明最發達的時候，百家爭鳴、百花齊放，當孔子無法在他的國家魯國發揮其長才時，他可以周遊列國，傳達他的思想，自從秦王朝統一中國後，到清朝滅亡為止，全中國變成一言堂。

於此相反的歐洲，在羅馬帝國的大統一，到神聖羅馬帝國滅亡，分裂成眾多國家後，文藝復興時期開始，歐洲百花齊放、百家爭鳴，無論在科學、藝術、醫學等都有長足的進步。

由此看來，任何學術的研討，絕對不是一言堂，而是應該百花齊放、百家爭鳴！

斗數界缺少這種情形，以一兩本古書定於一尊，任何人不得提出質疑，缺乏知識份子的參與，整個斗數界沉寂無聲，當有人充扮烏鴉提出異議時，提出對斗數論命術的推算過程質疑時，眾多無知的同行，就群起撻伐，認為他是斗數界的叛徒。

所謂的百家爭鳴、百花齊放，不是在原有的錯誤理論上繼續發表，或是胡言亂語，而是要提出推翻錯誤理論的新說詞，具體的指出錯誤的所在，絕對不是目前斗數界和稀泥的心態。

斗數界的朋友們加油吧！

術數的前途？

自古至今，由於時代昌明，科學研究與日俱增，很多學術有重大的突破與進步，唯獨中國傳統的五術，除了中醫還可以登大雅之堂以外，其餘的術數如子平八字、紫微斗數、奇門遁甲、梅花易數、卜卦、風水、姓名學等等，都沒有被廣大的群眾認同。

中醫自有其一套核心理論與價值，所以可以在大學講堂傳授，至於其餘的術數，沒有完善的理論基礎，與經得起邏輯辯證的方式，所以沒有被學術界認同，至今還在學術殿堂的門外徘徊，無法取得入門的門票。

無論術數界怎麼擲地有聲、廣為宣傳術數的奧秘與其功能，為何依然無法被廣大的人們所認同呢？這是從事術數研究者，必須思考的問題！

學術的發揚光大，是要有很多知識份子的參與，才能竟其功，任何術數皆有其創立的理論與功能，但是長時間被虛誇與膨脹，甚至是一些不學無術者的謀生工具，失去以探討學術的精神去研究，其中很多理論又經不起邏輯的驗證，與實際的運用，於是術數界所吹噓的功能，不攻自破，漸漸的被知識份子所拋棄，淪落為不能登大雅之堂的不入流之道具，無法成為一門主流的學術。

千百年來的傳承，任何術數皆沒有突破這個事實，結果只能形成一個小圈圈，自我陶醉。

如果不亟思改革之路，摒棄一些無法被攻破的核心理論與功能的自我侷限，任何術數皆將走向社會的暗路！

因果推論

佛家說：凡事有因必有果，種什麼因得什麼果，這句話好像沒有討價還價的餘地。

可是偏偏有一件事，無法得知其因卻有其果，這就是—車禍！

車禍的發生，有自己造成，也有對方造成，先不談自己造成的車禍。

車禍發生對撞時，往往與對方既無冤也無仇，可是偏偏會相撞在一起，有誰能夠推算為什麼嗎？是什麼因呢？在不知其所以然時，大家都會推到這是前世的因，今生的果。

可是話說回來，沒有人知道前世，把車禍的責任推給前世，總是覺得不近情理，學術的探討歸於學術，不必參雜宗教信仰的因素，這才是所謂的學術。

從紫微斗數命盤，要探討車禍的由來，根本無從著手，可是許多斗數研習者，就是喜歡觀察命盤後，推算何時會發生車禍，這種方式合情合理嗎？

斗數論命是由因推論果，既然連發生的因都不可知，又如何推算果呢？各位斗數研習者，是否曾經思考過這個問題嗎？

天機不可洩露？

只要是人類可以破解或追求答案的就不是所謂的天機不可洩漏！

許多命理或風水師，喜歡以天機不可洩漏為藉口，以避免被當事人問到啞口無言！

真正天機不可洩漏的是佛教傳說中的佛、菩薩轉世，自己不能洩漏他的來歷，如果洩漏身份後，以佛家之規定，馬上要涅槃離開人世，就像唐朝國清寺裡的寒山、拾得，被洩漏是文殊與普賢菩薩轉世，兩人喊著壞了壞了，洩漏我倆的身份，於是當下即離開人間，如果下次聽到哪個野和尚，或野尼姑說自己是什麼佛菩薩來轉世的，要人家供養，千萬別上當！

學術與術數，創立的目的，都是在於追求某些答案，如現代的宇宙科學，漸漸的揭穿大自然界，前人所不知之事務，這些不屬於天機，而是自然科學的產物！

傳統的五術，山、醫、命、相、卜都與人的命運有關，探討命運的走向與事情的吉吉凶禍福，有跡可循，這屬於學術探討，與宗教、鬼神無關，所以不在所謂的天機不可洩漏之列。

1+1=2是學術探討，不必耶穌基督或觀世音菩薩來幫忙，永遠等於二，紫微斗數論命與風水學都是一門學術，絕對跟天機不可洩漏無關！

神通與紫微斗數

佛教有六種神通，有天眼通、天耳通、他心通、神足通、宿命通、漏盡通，這些神通是靠個人的修行打坐而得，所以稱之為自力神通，道教有靠符咒、嬰靈而得到通靈的能力，由於是靠外力而得到的神通，稱之為他力神通，此兩種神通，皆可預知未來。神通的力量來自何方，道行的高低，一切看個人的造化，外人不可得知。

由於神通的存在，是虛無飄渺，高深莫測，一般人很難一窺堂奧，於是蒙上一層神秘面紗。

紫微斗數、子平八字，甚至是風水學，與這些難以捉摸的神通不一樣，術數的推算，是有其各自的演繹方式與基礎理論，按部就班推論，最後都會有結果產生。

術數無法跟神通相比，也沒有預知未來的能力，原則上來說，術數可以分析未來即將發生的事情，但是必須有相對條件的提示之下才能完成，神通卻並不必任何提示，即可預知未來。

如果從單一命盤，可以預知未來會發生什麼事情，例如車禍、發財、結婚，就算有時準確，其實只能算是偶爾猜測到的結果，因為相同命盤的人，並沒有發生相同的事情。

研究紫微斗數，別將斗數神通化，而想以命盤預知未來，要了解術數並沒有神通的能力！

斗數命盤推算地標

以斗數命盤談論風水，多年前，許多人或書籍都是以田宅宮為主，推算住家或辦公室的周圍環境，如果遇到住家與辦公室要如何區分它們不同的周遭環境呢？這種推算方式不準確，所以慢慢的被淘汰。

說起來也很巧合，我年輕時在台北的老家，坐東向西，在舊金山買了一間房子，也是坐東向西，台北的老家，左前方有開平中學，右後方有大安高工，正後方有信義市場，也有一間觀音廟，舊金山的住家，左前方有一間小學，右後方一所中學，正後方一家超市，旁邊一間教堂。

由於台灣與美國的大環境不盡相同，比如美國幾乎沒有傳統菜市場，只有超市，台灣兩者皆有，台灣佛教道教的廟宇比較多，美國基督教教堂多，探討某些標的物，要自我修正，否則會鬧出笑話。

推算住家或辦公室的周圍環境，首先要先確定其座向，然後了解星曜代表的地標，還需思考星曜的前後屬性，否則就無法精準推算周圍環境。

其實推算住家或辦公室周圍環境，只是提高研究的興趣，我個人不認為屬於大眾的大自然，會影響個人，影響個人命運的是，在住家或辦公室室內佈局五行擺設。

按圖索驥？

易經占卜有六十四卦，每個卦都有卦理解釋，一般人都是卜出一個卦後，去尋找卦理解釋，其實這種方式很荒謬。

如同紫微斗數的星性與格局，只要命宮是什麼星曜，命盤中是什麼格局，只要按圖索驥去尋找書本中的解釋一樣。

卜卦的每一件事情是變化無窮的，卦理解釋卻是刻板不變的，以不變的卦理解釋，要應付變化的事情，怎麼可能如願呢？因此，近代以來，還有哪一個政治領導者或商場大老闆，遇到重大事情，敢以卜卦來尋找事情的答案呢？

一樣道理，當遇到結婚、投資、合夥等重大事項時，豈能用命宮的星曜或命盤的格局來詮釋最後的結果嗎？

任何術數難精通，問題在於如何將刻板的條理，與變化無窮的事理結合，否則所求出來的答案，只會雞同鴨講、文不對題。

任何術數的演繹方式都有固定的程式，也是刻板式的，可是遇到的事情，卻是變化無常的，斗數論命的答案，絕對不是刻板的星性與格局能夠給予完美的答案，既然如此，背誦星性與牢記格局，到底有什麼作用呢？

斗數能否趨吉避凶？

世間事多變化，不離《老子》所說：「禍兮福所倚，福兮禍所伏。」無論誰的人生旅程，必然有福有禍，有吉有凶，沒有人能夠逃脫這個自然定律。成敗皆有轉折點，所以有樂極生悲與否極泰來這些成語的出現。研究祿命術就是要將厄運制止，趨向吉祥之路，也稱作「趨吉避凶」。

然而眼前所見的斗數書籍，幾乎百分之百閱讀後，沒有趨吉避凶的功能解說，都是死板板的宿命論，什麼星曜在命宮，當事人必然有什麼特質，某種格局在命盤，當事人必然有某種遭遇，好像這些文字敘述，已經將每個人的命運固定在一個框框中，任誰也插翅難逃命中注定的一切！這種斗數祿命術，違背原創定義為「趨吉避凶」的術數。

斗數的宿命論，其實也沒有任何的準確度，因為宿命論的存在，都是以命盤來決定命運，可是這些宿命論者，卻又忽略命盤並非某一個人獨自擁有，以命盤決定命運，就會產生重大疑問，相同命盤者，命運會相同嗎？

生命歷程中既然有福禍相依，如何排除災禍，如何走向祥福，應該是出版書籍要廣為暢談的，結果這些文章都付之闕如，請問，出版這些沒有實際效用的書籍，是在浪費紙張嗎？

化煞為用

斗數論命術有句名言，就是化煞為用，這個煞字不是煞星，而是凶煞、惡煞，以斗數論命的觀點，其實就是忌星的殺傷力。

我個人一直強調命盤沒有決定命運，相同命盤的人，命運不會相同，在沒有當事人提供他獨有的個人資訊，命盤無法推算任何事項。

任何一張命盤皆有先天、大限、流年的忌星，猶如凶神惡煞，等待著當事人去觸犯它們，而讓它們有理由找上門來，讓你的事業浪裡行舟、感情半空折翅，以至於最後失敗收場。

命盤沒有決定命運，未來一切成敗好壞、吉凶禍福，都視當事者如何呼應命盤，與命盤的吉凶禍福的徵兆，如何相對應，如果選擇往吉利、成功的宮位相對應的方向前進，成功垂手可得，反之，如果走向凶煞、不祥的宮位相對應的方向，那麼失敗、挫折的結果插翅難飛。

見到忌星不必慌張，也無須懼怕，就看當事人如何將迎頭而來的煞星，轉化為助力，以達到化煞為用的目的！

共盤有共性？

不提全世界同時出生有多少人，就在小小的台灣，兩個小時同時出生者有幾十人，如果相差十年，但是同月同日同時出生，斗數的命盤也是完全一樣，只是行運時的年紀有所差別。

相同命盤者，並不會有相同的共性，包括個人特質與命運，絕對完全不一樣。

由於相同命盤者，不會有相同的特質與命運，如果用統計學的觀點，要做出統計的機率，根本無法達到目的，因為前無古人、後無來者命運相同。

就好比將命宮的星曜定性，然後推算特質或將命盤中的格局定量，就會有某種狀況產生，這種統計的結果，不可能適用於相同命盤者身上。

斗數論命術，只是推算當事人特定事項的成敗好壞，特定人士的榮枯興衰，所推算的演繹過程，只能適用於面對的命盤主人翁，而不是所有共同命盤的人。

斗數強調一理應萬事，相同命盤的人，所呼應的事情不同，每個人的命運，在所呼應事項的開始，就決定不相同的結果，所以命運就開始南轅北轍，包括死亡也一樣，同時出生者命盤相同，但是不會在同一時間死亡，斗數論命的困難度就在於此。

如果只是背誦星性與格局，建議你，拿一本星性與格局的書籍，然後按圖索驥，以自己的命盤驗證自己命宮所坐守的星曜，是否符合書中所述的特質，觀察自己命盤中的格局，是否符合書中的論述，馬上一目了然，以後就不會往這方面鑽牛角尖！

執著？

佛家強調不執著，我個人認為值得商榷，因為佛家要信徒，執著孝順父母，執著做善事，執著不做惡事，執著成佛，以此觀點來看，佛家是最執著的。

斗數論命跟佛家的執著息息相關，要執著基礎紮實，要執著理論清晰，要執著演繹方式正確，如果沒有這些執著，很容易就陷入迷霧中。

斗數這門祿命術，有別於其他術數不同的基礎架構，有獨自的基本理論，有與眾不同的演繹方式，研習斗數論命，必須執著的依循這些規則行進，在行進的過程中，如果有所偏差，就不可能有最後正確的結果。

論命必須事理結合命理，沒有了解事理，就不可能知道未來的走向，沒有正確的推算方式，就不會有正確結果，事理與命理的結合來推算結果，這是必然，而不是偶然，兩者缺一，就不可能有正確答案。

研究斗數沒有執著的心態，很容易被一些錯誤理論與論述所干擾，我個人都建議斗數研習者，放棄星性談論特質，就算論準確又如何？跟命運成敗無關，也跟吉凶禍福無關，放棄格局論命，因為相同格局的人，不會有相同遭遇，放棄身宮，廟旺利陷，放棄四馬四庫之地，跟實際論命沒有關聯，雖然古書都有描述這些，可是在推算吉凶禍福成敗好壞時，這些東西無法推算結果，既然無法推算結果，請問，花那麼多的時間去鑽研，目的何在呢？

執著正確理念與演繹方式，保證很快突破斗數論命的瓶頸！

文字論述與實際論命脫節？

研習斗數每個人方式不同，唯一目標就是追求最後答案要準確，我個人絕對排斥偶爾推算準確、有時又不準確的定性的星曜與定量的格局。

以星性推算當事人的特質，有時也有準確的時候，但是請問就算推論準確，對當事人的成敗有什麼幫助呢？有時候也常常不準確，此時，又要如何自圓其說呢？我懷疑難道星性真的能夠論命嗎？

許多人喜歡以格局來推算當事人的徵兆，如火貪格，就會威權出眾，或是橫發，但是我論命的經驗裡，許多人有火貪格，不僅沒有橫發，更沒有威權出眾，反而一些人沒有火貪格，卻橫發或出將入相，如此可見，傳統書籍所形容的火貪格，只是在忽悠讀者。

再以廉貞天相逢擎羊的格局來說，古書說會路上埋屍，但是我遇到過許多人命宮有此格局，並沒有路上埋屍的情形發生，可見古書所論述，不值得採信。

我不厭其煩的一直強調，在邏輯學的觀念裡，許多人命宮共有的星性與格局，不能推算個人獨有的特質與命運，這跟生肖論命不可採信一樣，同一個生肖，全世界有六億人共有，共有的生肖，不能推算個人獨有的命運一樣，這麼簡單易懂的道理，為何只有斗數研習者，不能恍然大悟呢？

化忌？

斗數古書有一句名言：忌星最為憎，從這句話的字義上解釋，就是忌星最可怕。

任何人的命盤，都有先天大限流年的三顆忌星，這三顆忌星主宰每個人生命歷程中，所有不如意、不順暢與災厄之事。

竟然有人說，化忌不為忌，祿是因忌是果，這些歪理邪論，真不知忌星為何物？

婚姻破裂需要忌星來引動，事業失敗需要忌星來衝擊，投資失敗也需要忌星來會照，如果化忌不為忌，怎麼會挫敗失意呢？

當忌星降臨，會摧毀婚姻，會挫敗事業，會讓投資的金錢化為烏有，會讓身體健康亮起紅燈，嚴重時更會結束生命，由此可知，化忌不忌，是不切實際，天馬行空的空洞話。

面對忌星的來襲，由不得當事人呼應或不呼應，往往在措手不及之下，凶惡事情就已經發生，最具代表的就是車禍，連躲避都來不及，遑論趨吉避凶？

我個人認為，命盤中的忌星無法塗抹掉，當忌星出現，必然會發揮其負面的作用，由於斗數論命是「一理應萬事」之原則，忌星來臨會發生什麼不吉之事，無法預知，好像只能聽天由命了！

論命經驗談

斗數論命中，推算事業成敗與某些事項的的細節，我沒有使用星性與格局，我卻喜歡運用星曜組合論命。

我把星曜組合區分兩兩種，一種是紫府相，另外一種是機月同梁，文昌與文曲就看依附在哪一種組合裡。

兩種組合可以區分為表裡、左右、前後、上下、男女等兩種對立的事項，由此判斷事情好壞的原因在哪？

以組合的延伸，可以判斷當事人除了車禍，受傷在哪個部位，事業遇到瓶頸，問題出在哪？可以判斷住家前後左右的地標，所遇到幫助或傷害當事人的對象是男是女，雖然這些事項與命運沒有關聯，也非完全決定事情的成敗與好壞，但是就以事業來說，很容易發現阻礙事業的因素在哪，能夠從中去修正自己的缺陷，化危機為轉機，效果卻是非常顯著。

舉個例子，一家餐廳如果是《表》出現忌星，就表示外表給客戶的觀感不佳，應該跟裝潢有關，如果是《裡》出現忌星，就表示跟菜餚有關，餐廳的表就是裝潢，裡就是菜餚，如果當事人願意去做某些改善，以我個人的經驗，都能反敗為勝。

以律師來說，事業宮化忌屬於《表》，那麼在法庭上的辯論，就要自我改善，如果化忌屬於《裡》，在呈現給法庭的答辯狀，內容就需要加強，因為律師的表就是口才與辯論，裡就是訴訟狀與答辯狀。

從論命的經驗裡，得到許多寶貴的發現，遇到阻礙時，能對症下藥，扭轉乾坤成功的機率非常的高。

這些都是我個人經驗，只是提供給大家參考，專心研究，斗數命盤還是有許多可以發覺的新天地！

祿命術的功能

研究祿命術，首先要了解其功能，斗數論命有其可推算事項也有不可推算的事項。

只要當事人選擇或呼應某些事項，必然有其結果產生，祿命術的功能在於探討事業、婚姻、投資、合夥、健康等等與當事者息息相關的事項，因為當事人的選擇與呼應，必然會有最後結果產生。

紫微斗數祿命術無法推算個人特質，個性，長相，體格，福報等，由於這些事項，牽涉到不同的家族遺傳基因，不同的成長環境，不同的學歷背景，還有不同的前世業力，任何一張命盤，背後的這些個人獨有條件，完全不相同，雖然很多人擁有相同的命盤，但是每個人對於事項的選擇大不相同，所以從單獨的命盤要推算這些事項，根本是癡人說夢話，這是明知不可為而為之。

斗數論命針對特定事項推算結果，不是在探討不會影響當事人命運，與所呼應事項結果的長相、個性、體格、特質、福報等。

何況以命盤推論這些事項，根本沒有準確度可言，都是在玩猜謎遊戲或臆測，如果不了解斗數祿命術的功能，就無法掌握論命的精髓！

變動與不變動

研習斗數者都知道，特定人士所發生的吉凶禍福，與他相同命盤的人，吉凶禍福不會相同，既然如此，為何還是有這麼多的人，以固定不變並且是很多人共同擁有的命盤，或命宮相同的星曜在論命呢？

每個人都會隨著時間在改變個人思想，價值觀，感情，事業，與週遭環境，絕對不會因為時間變動，而沒有改變自我。

由此可知，如果以不會變動的先天命盤，或命宮所坐的星曜來論命，會產生固定命盤與不固定的命運，兩者之間互相矛盾。

許多斗數界，所謂的大師與老師，他們的文章、書籍與教學，都是以固定的命盤與星曜，論述當事人的命運，將不變動的命盤，與變動的命運畫上等號，這些人沒有邏輯學的觀念，沒有符合現實生活，都犯了最大的錯誤而不自知，這些人有什麼資格稱為大師或為人之師呢？

這種論命方式，好比在一張紙上畫一條魚，然後告訴大家，這條魚是活的，或是在紙上畫一匹馬，然後說這匹馬在奔馳，請問這種說法，你會相信嗎？

斗數論命的含義

斗數論命，很多人都是以命盤算命，而沒有結合當事人所呼應的事項，也就是所謂的事理結合命理，來推算結果，如果這種方法可行的話，相同命盤者就要擁有相同的一切，這種算命方式，沒有考慮相同命盤的人，其實在單一命盤中沒有任何答案，只要有任何一個答案出爐，就屬於相同命盤的人所共有。

命盤只是算命的工具，必須在望聞問切與兩人相互叩問之下，才能一一釐清每一件事的事理，望聞問切是為人算命者所必須經過的程序，沒有望聞問切就無法得知當事人所呼應事項，與提供所呼應事項的關係人資料，例如探討婚姻必須提供配偶資料，探討合夥事業，必須提供合夥人資料，這些因素在命盤中，是不會呈現的。

論命者在面對當事人或命盤時，必須望聞問切後，才能了解當事人呼應何事？並同時理解每一件事情的來龍去脈，透過斗數論命的演繹方式，才有能力去判斷事情的最後結果。

事理的提供，配合命理的推算，這是斗數論命必經的程序，少了這個程序，就會出現以星曜賦性或格局結構論命，這種論命方式，其實就是不懂斗數的真正含義！

斗數認知

我們都知道，同時出生命盤相同，但是命運不一樣，所以單從命盤沒有辦法決定當事人的命運，一切看他們如何呼應命盤的徵兆，因為相同命盤的人，呼應事項不相同，因此可以決定他們不同的命運。

同樣道理，命宮坐相同星曜的人，個性與特質不會相同，星性不能決定他們個人的個性與特質，要有他們不同的成長環境，不同的家庭教育，不同的學歷背景的資訊，才能論斷他們個人的特質與個性，如果沒有這些差異的影響因素，相同的星性要如何區分他們不一樣的個性與特質？

論命時，不可能以星性判斷當事人的特質，因為根本無從得知當事人的這些個人背景，還有，論命是要求取最後結果的吉凶禍福、成敗好壞，單以星性來論斷，絕對沒有這種能力，來影響最後結果。

所以研究斗數，要明確了解，哪個方向可以去探討，哪些事項是永遠無法突破的障礙，這樣才能在論命上突飛猛進。

磨磚既不成鏡，坐禪豈得成佛？

任何複雜難懂的學術理論，要想盡辦法以簡潔俐落的方式，讓大家快速理解，這就是所謂的「化繁為簡」。

命理與風水界剛好背道而馳，無論是書本或教學者，將並不複雜的學術論述複雜化，變成「化簡為繁」，以致於沒有人聽得清楚，丈二摸不著頭緒，只有作者與敘述者自己了解，這就是命理與風水要推廣普及化的最大阻礙力道。

照理來說，複雜的風水與命理學，要以簡單淺顯的方式傳達給大眾，但是事實相反，都是參雜怪力亂神，不然就是說得玄之又玄，沒有人聽得懂的道理，搞不好連論述者都不知在敘述什麼？

不只紫微斗數界，風水界也是如此，斗數命盤談星曜賦性、談格局、談廟旺利陷、談五行等，這些在論命時，根本派不上用場，好像不談這些就不懂紫微斗數，不會論命似的。

唐朝禪師懷讓以「磨磚既不成鏡，坐禪豈得成佛」，來形容目前斗數與風水界最為恰當，磨磚既不能成鏡，打坐豈能成佛，如果研習斗數與風水學，盡是背誦繁複且無用的理論，永遠也無法達到精準論命，與靈活運用風水之學，只有前功盡棄。

血緣關係的探討？

每個人都有父母宮，但是父母有的早逝有的長壽；每個人都有兄弟宮，有的人有兄弟姊妹，有的人卻是獨子或是獨女；每個人都有子女宮，有人子女成群，有人一位孩子，有人甚至沒有任何小孩。

父母宮不是推算與父母的親情緣分或互動關係，因為無法分辨是父親還是母親。兄弟宮也不是推算兄弟姊妹的緣分與互動關係，更不是推算兄弟姊妹的個人命運，因為無法分辨到底是哪一是我兄弟姊妹。

子女宮不是探討子女的素質，與子女的互動關係，更不是推算子女的成就或命運。別忘了出家修行的和尚與尼姑，同樣擁有子女宮，請問要如何探討他們的子女呢？

命盤中的十二個宮位，都只是代表自己，因為這十二個宮位的出現，是由每個人的出生年月日時排列而來，不會代表命盤以外的第二者。

接觸紫微斗數數十年，至今還未遇到哪一個高人，能夠精準使用父母宮談論父親或母親，使用兄弟宮推算眾多的兄弟姊妹其中的任何一位，使用子女宮清楚的分析兒子或女兒，既然斗數命盤沒有這些功能，為什麼就是有人喜歡吹噓呢？

推算任何人的命運，就是以當事人的命盤，除此以外，沒有人可以取而代之。

不可信的斗數格局

斗數書籍說：廉貞天相逢擎羊—路上埋屍，觀察你身邊的人，命盤中是否有廉貞天相逢擎羊，看看誰在馬路上埋屍或病死？

火星貪狼—威權出眾，看看命盤有火星跟貪狼的人，誰有威權出眾？

陽梁昌祿—人主貴，看看身邊的人，命盤有陽梁昌祿會照的人，誰貴氣逼人呢？

當你以命盤對照這些書中所論述的格局，你會發現哪個不是胡言亂語、胡說八道呢？

既然格局在論命上，毫無任何用處，為何大家還是心甘情願的花費時間去背誦、牢記呢？

如果有人告訴你，1+1=5，相信你絕對不能接受，可是斗數書籍的論述，都是在欺騙你，為何你卻能接受，且毫無存疑呢？

斗數的反思

一個人站立時，伸出右手是東，左手是西，頭為北方，腳為南方！

斗數命盤剛好跟生活認知有很大的差異。

斗數命盤卯宮在左邊卻是屬東方，酉宮在右邊卻是屬於西方，午宮在上卻是屬於南方，子宮在下卻是屬於北方。

為何斗數命盤的東西南北排列，卻與大家所熟悉的方位完全相反呢？各位可知其中代表什麼含義嗎？

因此接觸斗數論命，我就有一種反向思考，例如書中所描述殺破狼，一生大起大落，殺伐決斷勇於冒險，機月天梁—為吏人，一生只適合當上班族。

這種以偏概全的論述，剛好與台灣的政治、商界相反。有衝刺力、果斷決策者幾乎都是機月同梁格，而不是殺破狼格。

再來細說一下殺破狼格局的荒謬，斗數命盤只有兩種組合，一種是紫府相，一種是機月同梁。

命盤中，只要任何宮位是紫府相組合，其餘的跳宮總共五個宮位，一定是紫府相組合，剩下的六個宮位，肯定就是機月同梁組合。

殺破狼無法自成一格，因為脫離不了紫府相的牽引。

況且斗數論命，任何格局都毫無用武之地，因為相同格局的人有幾億人。

疾厄宮探討

中醫經典《黃帝內經》曾提出：心開竅於舌、脾開竅於口、肺開竅於鼻、肝開竅於目、腎開竅於耳。五官的健康與否跟五臟六腑的關係密切。以五行來說，心屬火，脾屬土，肺屬金，肝屬木，腎屬水，這是五臟的五行屬性。

可是想以斗數命盤，疾厄宮的星耀的五行屬性，來推論疾病的種類，大家思考一下，有可能嗎？

我個人強調，斗數無法推算疾病種類，可是有多少人聽得進去呢〉？因為疾病的種類太多，以現代的中醫來說，亦無法診斷出《阿茲海莫症》《帕金森症》等一些新興的疾病，何況是斗數的星耀呢？

斗數命盤有疾厄宮，當然是探討疾病的宮位，但是探討疾病何時會得到，跟疾病的種類毫無關係，如果能從疾厄宮，推算當事人何時有發病的徵兆，而影響身體健康，讓當事人可以做預防，在斗數界，就已經是令人望塵莫及的本事了，哪有什麼可能推算何種疾病呢？可是很多人就是不信邪，硬是給自己漏氣！

命運

命運雖然無法量化，但是有好壞之分，成敗之別，運勢有吉凶禍福之區分，全看每個人如何去運轉命運的羅盤！

斗數命盤所呈現的吉凶禍福徵兆，隨時在警惕當事者，如何妥善呼應，命盤的先天大限流年的祿星與忌星，會發出訊息，有正面的，也有負面的，就看當事人如何應對！

如果只記得忌星在什麼宮位，而整天煩惱忌星將發揮其功能在於何時？而憂心忡忡，這個時候你就是被命盤所主宰者，如果你忘卻忌星的存在，往祿星的方向前進，那麼此時的命盤，就為當事人掌控。

每個人都希望趨吉避凶，但是要趨吉避凶，不是從推算命盤就能達成願望，還需身體力行，否則你會被命盤所操控，只能迎接忌星的到來而已，走向失敗之結果。

許多人面臨困境，找人算命，指望從算命得到改變命運的結果，得到困境的紓解，如果沒有從心改善，算命只是聊以自慰罷了，仍然無法改變狀況。

論命提供當事人未來如何走向，去呼應良好的一面，而躲開負面的影響，這才是推算命運的意義。

斗數疑問重重？

面對當事人提供命盤，在沒有與當事人叩問之下，只是憑斗數命盤的徵兆，請問你能推算什麼事項？

人生絕對不是完美無缺，命盤會同時出現好與壞的徵兆，在缺少當事人提供的資訊的情況下，到底所推算的答案，是相同命盤的哪一位呢？

斗數論命必須有事理，才能依據命理條件去推算最後結果，絕對不是只憑什麼宮位的星曜就會有答案。

一般人都是用星曜在算命，星曜不會質變，難道人的一生都在同一個狀況之下嗎？這就是星曜算命的矛盾之所在，然而幾乎所有研究斗數者還是深信不疑，實在令人不解。

舉個例來說，如果夫妻宮可以推算配偶的命運，請問結婚與離婚，或者終身未婚的人，要如何憑他們的夫妻宮，來推算他們的婚姻狀況？

做生意與上班族的人，憑他們的官祿宮沒有任何資訊之下，要如何推算他們的得失？

由此可知，斗數論命不是星曜與宮位，而是必須被算命的當事人，提供他個人的訊息！

出生時辰與命運

決定命運的不是出生時的八字，而是在成長過程中個人的選擇，斗數命盤提供命運行進的軌跡，這個軌跡還需要當事人去呼應它，如果沒有呼應，就像流星一樣，只是劃過天際的一條線，霎那間消逝無蹤，對當事人沒有任何的影響力。

命盤不會左右當事人的意象，也不會決定當事人的思想與價值觀，每一個抉擇，才是決定成敗好壞的關鍵，抉擇正確就走向成功，抉擇錯誤就是失敗收場，沒有討價還價的餘地，也沒有模糊空間。

自古有言：一失足成千古恨，就是典型的抉擇錯誤的警語，斗數命盤的軌跡，可以提供當事人命理徵兆，對於特定事項，該不該下定決心做最後抉擇，抉擇後會產生什麼答案，而不是鐵口直斷，當事人必然發生什麼結果，一種是徵兆，一種是結果，這兩者之間的差異，有天壤之別，不可混淆視聽。

論命的技巧就在於此，為人論命者，不能從命盤決定當事人的命運，命運的成敗好壞是當事人選擇而定，如果沒有當事人提供相對的資訊，任何命盤只是一張圖騰，並沒有任何答案！

大師的水準就是如此？

網路上與坊間新出版的書籍，遺毒未淨，幾乎都還是在談論星曜的特性。比如：紫微是帝王之星，天機是謀臣，太陰代表母親，全部是廢話一堆，這些跟論命有何關聯？

為何一些自認為斗數大師級的人物，翻雲覆雨後，還是只能寫作這些無三小路用的文章與書籍？全部又都是抄襲別人的錯誤的著作，請問這些文章能告訴我們什麼？知道天機是謀臣，太陰代表母親，在論命時，可以派得上用場嗎？

一些廢話竟然可以出版成書，誤導廣大的初學者，文章說，紫微是帝王之星，天機是謀臣，太陰代表母親，其實全部是瞎掰胡扯，請問在推算吉凶禍福時，帝王之星又如何？代表母親又如何？跟論命時要追求的答案，有何干係？

有的為人師者，廣為宣傳他的著作，內容竟然如此低級庸俗，原來，所謂的大師，功力就是如此而已。

淺談紫微斗數的基本意義

紫微斗數除了排列命盤的第一顆星曜是紫微以外，為何使用「斗」跟「數」呢？

「斗」即勺，是中國古代舀水器具；亦代指測量的容器容積單位。一斗＝十升，通常用來量米之用。

「數」是數目、數量。

如：「人數」、「次數」。

古代計算的方法。為六藝之一。

《周禮·地官·大司徒》：「三曰六藝：禮、樂、射、御、書、數。」

占卜之術。

《左傳·僖公十五年》：「龜，象也。筮，數也。」

技藝。

《孟子·告子上》：「今夫奕之為數，小數也。」

氣運、命運。

如：「天數」、「劫數」、「氣數」。

將斗與數結合，是否意味著：計算天數、劫數？

由於任何祿命術，包括紫微斗數、子平八字都無法量化，因此推算兄弟有幾人，子女為數多少，完全是騙人的把戲，所以「斗」與「數」兩個字，最能表達其含義的，就是計算「氣數」與「劫數」。

氣數基本解釋指人生或事物所存在的期限，所以有氣數已衰之說。劫數指的是命運中注定，人為無法改變的災難。

由此可知，人生在劫難逃，且無法扭轉的是死亡與意外災難，其餘的都是因為你的選擇才有結果，幾乎都不是天生注定的。

例如：玩股票就會有輸贏，買房地產就會有賺虧，如果不玩股票，不買房地產，就不會有輸贏、賺虧，因此這不屬於劫數難逃的範疇，而是屬於種什麼因得什麼果的「因果論」。

研究斗數要了解，天命不可違，要離開人間的人，誰都沒有辦法阻止他離開人間，好比一顆腐爛的橘子，任何人都無法阻止它離開枝葉，還有意外事故與災難的方式，任何人都無可防範，如車禍，你根本不認識對方，卻偏偏在哪一剎那間與他相逢，因此斗數無法將意外災難呈現在命盤。

除了死亡與意外災難不是你可以選擇與左右的，其他任何事項只要屬於因果關係的，紫微斗數就可以發揮它無限寬廣的能耐，推算結果。

選擇決定命運

學術研究必須精益求精，由淺入深，研究紫微斗數論命術也是一樣。

斗數有它的基本架構，這個架構的基本構造，是宮位名稱與星曜，組合成一張命盤。

命盤排列出來後，只不過是一張生命的圖騰表，要推算每一件事情的結果，必須由當事人提供相對應的資訊，然後化為融入命盤的元素，也就是現代術語：輸入條件。

所謂當事人必須提供事情相對應資訊，就是當事人所面對的人事物，例如要結婚，必須提供配偶條件，要上班或當公務員，必須提供何時進入此單位，要買賣股票，必須提供何時要進場，如果沒有提供這些相對應條件，任神仙在世都無法為你算命。

因為沒有人知道你的配偶是誰？不同的婚姻對象，就會有不同的婚姻狀況，不同的工作單位，就會有不同的成就，這些要輸入命盤的條件，都不存在於命盤中，而是來自命盤以外。

由此，可以得知，只是一張圖騰的命盤，沒有決定婚姻，沒有決定工作，沒有決定誰會買賣股票，這些事項都是生命歷程中的人生際遇！

這些際遇往往跟個人選擇有關，因此會有「選擇決定命運」這句話的存在。

斗數新知

研究紫微斗數祿命術，想要快速進入狀況，除了要了解斗數的功能，與推算方程式以外，還需記住幾個要點。

必須要拋棄的：1、星曜賦性，2、格局構造，3、單一宮位論命。

要切記運用的方式：1、綜觀每個宮位的星曜組合是紫府相組合，還是機月同梁組合，可以判斷事出何因？2、先天、大限、流年的三代祿忌互相引動，3、十喻歌的推算方法。

斗數祿命術並非神秘術語，沒有捷徑，也沒有秘笈與訣竅，卻有一定的推算程序，程序必須循規蹈矩，不能本末倒置，方法正確，必然有標準答案產生。

最後就是最怕加上怪力亂神的言論，論及前世福報，祖先風水、祖德，因為沒有人知道前世是什麼，豈能知福報呢？沒有人知道祖先的風水誰好誰壞？更沒有人知道眾多祖先中，誰積德誰敗德？這些說詞都是掩蓋論命不準確的推託之辭，不足為訓，況且，這些事項根本不會影響命盤，也不會左右事情的成敗好壞。

招搖撞騙？

斗數界沒有高手？這句話包括書籍作者與開班授課的老師，這句話戳中很多研究者的心，但是卻是千真萬確，這麼多年來，面對無數的斗數研習者，或者被稱為大師者，不計其數，無論在電視或電台，偶爾有機會與這些人同台，對談紫微斗數祿命術。

其實千篇一律，所聽所聞，永遠沒有脫離星曜賦性的論述，都是以星曜賦性來推論當事人的外在特徵與內在特質，當我反問，我與我同學同時出生，命盤相同命宮的星曜也必然相同，我們兩人的外表長相與內在思想會相同嗎？回答我的都是不會相同，再繼續追問下去，如何區分我們兩人的特質不一樣？幾乎所有的答案，都是：因為你們兩人的父母、成長環境、祖先風水不同，所以造就你們兩人不一樣的特質。

從這些不學無術的江湖術士口中，可以得知，命宮星曜並沒有決定每個人的特質，還有父母、成長環境、祖先風水等，會影響命宮相同星曜的人的特質，可是當我反問，既然父母、成長環境、祖先風水會影響我跟我同學的特質，可是在推論時，你們並沒有要我提供這些影響的因素，還是只是在星曜上大作文章，最後沒有一位不是啞口無言，無言以對。

我都告訴這些人，算命沒有模糊地帶，斗數的功能在於推算吉凶禍福、成敗好壞，與個人外在特徵、內在特質毫無瓜葛，為何捨棄主要目的不去探討，卻偏偏要往沒有絕對值的個人私領域去著墨呢？

從來沒有人認真鑽研斗數的功能何在？斗數的理論與核心價值？與深入研究斗數獨特的十喻歌演繹方程式。一般人都是認為天下有白吃的午餐，只要熟背星曜賦性，就能為人算命，為人解憂。

這種不勞而獲的心態，充斥著斗數界，無論報章、雜誌、電視、電台文字論述的作者或來賓，幾乎千篇一律的都是星曜賦性在講解紫微斗數祿命術，實在是荒天下之大唐，這群人沒有邏輯學若A則B的觀念，只要A的命宮星曜，可以推算A的特質，那麼B的命宮星曜與A相同，兩人的特質就要一模一樣，這是不可能存在的事實，但是這群不學無術的江湖術士，長時間以來依然故我，一樣在社會上招搖撞騙！

浪費時間？

當你為人斗數算命時，面對當事人提供的命盤，然後當事人問說，他今年要開設公司，適合不適合，請問你要用星曜賦性，推算他的外表特徵與內在特質嗎？還是用星曜推算開設公司會成敗呢？

任何星曜並沒有出現好壞之分，或成敗之別，此時的星曜賦性，要做什麼用處呢？

一個人的外表特徵與內在特質，對於他開設公司的成敗，並不會有影響力，影響公司成敗的是他的運籌帷幄，與資金足夠與否、市場調查、員工能力、產品等許多因素，絕對不是星曜賦性！

幾乎所有斗數論命者，都是在強調星曜賦性，或南斗、北斗、廟旺利陷、天羅地網，事實上，這些跟公司開設的成敗都毫無關係。

至於斗數書籍，更是離譜到無法令人接受，幾乎百分之百的作者都在星曜賦性猛下功夫，內容大同小異，差別的只是所形容的文字多寡而已。

至今為止還沒遇到一位斗數研究者，與當事人望聞問切後，針對當事人所面對的事理，結合他的命盤呈現的命理，融合推算然後給予正確的指點之路！

紫微星、天同星、廉貞星、、等等星曜，並不會呈現事情的結果，用盡心力背誦這些星曜賦性，請問你是不是在浪費時間呢？

虛誇與膨脹

在研究紫微斗數論命術的道路上，有很多人具有錯誤的思維！

例如，福德宮可以得知前世福報，來因宮可以探討前世今生的連結，這些都是異想天開的思維。

試想，福報與前世今生，是佛教所提倡的理論，其他宗教並沒有這些稱謂，那麼信仰其他宗教的人，如何向他們解說福報跟前世今生呢？

既然福德宮可以得知前世福報，來因宮可以推算前世今生，先請這些斗數研究者，告訴我們他們的前世福報與前世今生是長的什麼碗糕？

越是無知不懂斗數的人，越是虛誇斗數的功能，漫無邊際的無限膨脹斗數的運用法則，好像沒有虛誇與膨脹，就不是被稱為天下第一神術的紫微斗數了！

論命實務與迴響

<table>
<tr>
<td>廉貞忌
貪狼
祿存
夫妻
24~33 癸巳</td>
<td>巨門
兄弟
14~23 甲午</td>
<td>天相
命宮
4~13 乙未</td>
<td>天同祿
天梁
父母
114~123 丙申</td>
</tr>
<tr>
<td>太陰
子女
34~43 壬辰</td>
<td colspan="2" rowspan="2">農曆 1966 年
2 月 3 號申時
陽女
金四局</td>
<td>武曲
七殺
福德
104~113 丁酉</td>
</tr>
<tr>
<td>天府
財帛
44~53 辛卯 大限</td>
<td>太陽
田宅
94~103 戊戌</td>
</tr>
<tr>
<td>文昌
疾厄
54~63 庚寅</td>
<td>紫微
破軍
遷移
64~73 辛丑</td>
<td>天機
文曲
奴僕
74~83 庚子</td>
<td>官祿
84~93 己亥</td>
</tr>
</table>

案例一、

車禍與官司

二〇一七年十月，我旅居在洛杉磯，下午三、四點的時候，來了一通電話，對方是一位中年女性，話還沒開始聊，電話流傳的聲音，就是一陣哭泣聲，我問對方有何貴事，也說不清楚，於是我說，先把電話掛了，等妳心情平靜後再打過來。

大約二十分鐘後，對方又來電了，告訴我，她在二〇一四年初出了車禍，至今未康復，所以目前無法前往我的住所找我算命，能不能電話幫她算命，她再把潤金轉帳給我。

她是一九六六年，農曆丙午年二月三日申時生的，命盤排列好後，我已經知道她二〇一四年出了車禍，於是我跟對方說，讓我先接著推算下去，先不必提供我其他的資訊。

二〇一四年是甲午年，大限行運在辛卯，午宮巨門自坐，我個人論命經驗，流年命宮代表頭部，財帛宮是右手，官祿宮是左手，遷移宮是雙腳，要判斷雙腳是否受傷，就觀察遷移宮是否被雙忌所夾，如果不是雙忌夾，就判斷是紫府相組合，還是機月同梁組合，化忌，再判斷是左腳或右腳受傷。

從命盤觀察，頭部所在的午宮，跟雙腳所在的子宮，都沒有忌星摧殘，所以頭部與雙腳沒有受傷的跡象，我問對方是否如我所說，答案是正確的。

接著觀察到辛卯大限的文昌化忌在寅宮，流年甲午的忌星在戌宮，剛好是左右手的部位，於是我問對方，是不是兩手都受傷，且右手受傷嚴重很多。對方回答說是的，我接著說，左手在二〇一六年痊癒，右手至今還未康復，結果正是如此，為何我會如此判斷呢？

二〇一四年的太陽化忌在戌宮，屬於左手的部位，隔年太陰再化忌，所以還無法康復，到了二〇一六年，丙申年天同化祿，忌星消逝無蹤，所以右手痊癒，我繼續告訴她，左手至今還沒完全好因為大限忌星的影響，對方回答完全正確，因為右手至今年年開刀，尚未康復。

其實，這位女士最主要的是要問她打車禍官司的結果，從二〇一四年開始，她狀告撞她的大卡車的貨運公司，想看看何時能夠結束。

我判斷官司的成敗，一直以來與眾不同，打官司定宮在流年，命宮代表自己，遷移宮代表對方，屬於自己的三個宮位是命宮、財帛宮、官祿宮，屬於對方的三個宮位是遷移宮、夫妻宮、福德宮，觀察化祿、化忌如何在這六個宮位引動，可以得知正確答案，從二〇一四年開始，太陽化忌、太陰化忌、都在這位女士的三方，二〇一六年天同化祿在對方的三方，二〇一七年巨門化忌又在本身的命宮，官司一直無法勝訴，在法院拖延著。

我告訴對方事情在二〇一八年，也就是明年，開始有了翻轉的機會了，二〇一八年戊戌年，天機化忌在子宮，也是對方的命宮，二〇一九年文曲化忌也在子宮，連續兩年的化忌在對方的命宮，官司應該在二〇一九年會結束，且還會勝訴。

美國各州法律規定不一樣，加州規定車禍官司，必須在幾年內結束，否則法官有權利逕自做最後判決，二〇一九年我已經回到台北，這位女士來電告知，二〇一九她的官司勝訴，還拿到一筆蠻大的賠償金額！

天機 文昌 兄弟 12~21 乙巳	紫微 祿存 命宮 2~11 丙午	 父母 112~121 丁未	破軍 福德 102~111 戊申
七殺 夫妻 22~31 甲辰 大限		農曆 1997 年 10 月 10 號巳時 陰男 水二局	文曲 田宅 92~101 己酉
太陽 天梁 子女 32~41 癸卯			廉貞 天府 官祿 82~91 庚戌
武曲 天相 財帛 42~51 壬寅	天同 巨門忌 疾厄 52~`61 癸丑	貪狼 遷移 62~71 壬子	太陰祿 奴僕 72~81 辛亥

案例二、

同時三位小孩出生，一位夭折，如何判斷？

有一次我應邀去演講，內容是談紫微斗數的功能，與十喻歌的運用方式，演講完，接受在場來賓的詢問與交談。一位先生自稱是台北馬偕醫院的莊姓醫生，他說，在他的醫院裡，有一天在同一個時辰裡，誕生了三個父母不同的小男孩，其中一位小男孩不幸在第四天後夭折，三位小男孩的命盤一模一樣，能否推算哪一位小孩夭折？他接著說，他研究斗數多年，從命盤看不出端倪，也尋找過許多斗數前輩，或名聲響亮的高人，結果沒有人可以回答他，到底哪一位小男孩夭折，讓他對紫微斗數這門祿命術，產生很大的疑惑，如果連這種事都無法推算，那麼任何人所提供的命盤，都有可能是早已離開人世的人，既然都已經往生，還在推算明天或明年的他嗎？

我說，只是單從命盤，並無法推算哪一位小男孩夭折，要推算哪一位已經往生，必須要提供父母的條件，由於父母的不相同，會造成同時出生的人，不會同時死亡的結果，更因為生命的產生，是來自父母，因此父母的條件，會決定一個人生命的長短。

莊醫師提供一張一九九七年農曆十月十日巳時命盤，也就是三位小男孩的命盤，三張等於一張。接著我要莊醫師提供三位小男孩父母的出生年次，莊醫師後來提供資料如下：一、一九五〇、一九六八年出生，二、一九六六、一九七一年出生，三、一九六七、一九六四年出生。

觀察命盤，輸入父母特別條件到相同的一張命盤，三秒鐘後，我告訴莊醫師，一九五〇年與一九六八年這對夫妻的小孩夭折，結果答案正確。

三位小男孩命宮在午宮，紫微星坐在命宮，一九五〇的父親，是庚寅年出生，天同星化忌，此命盤的天同巨門在丑宮，未宮是空宮，天同與巨門回到未宮，與一九六八年出生的母親，天機忌星在巳宮，形成父母的雙忌星，夾住命宮所在的午宮，因此這位小男孩在第一個大限，就要結束生命。

推算哪一位小男孩夭折準確，又清楚解釋命盤後，全場來賓群起鼓掌，後來莊醫師也正式拜我為師！

案例三、

為何會有遺傳疾病？

斗數的命盤，用星曜的五行，並無法推算疾病的種類，且命盤也不會決定當事人會患有什麼疾病。然而許多疾病有遺傳性，從命盤卻是可以推算，得到來自父系或母系的遺傳病因。

命盤沒有決定誰有家族的遺傳病，而是需要輸入當事人父母的資訊，結果就會一目了然。

此人先天命宮在子宮，太陽坐命，疾厄宮在未宮，廉貞七殺坐守，要探討當事人的遺傳疾病，必須從先天疾厄宮觀察，輸入父母出生年次，此人父親是一九二六年，母親是一九三〇年出生，一九二六年是丙寅年天同化祿，廉貞化忌，廉貞忌星剛好在此人的疾厄宮，一九三〇年是庚午年，太陽化祿、天同化忌，天同忌星並沒有會照疾厄宮，因此可以判斷，如果父系包括父親的爸爸跟媽媽，只要有遺傳病因，就算父親沒有得到遺傳疾病，也會隔代遺傳給當事人，結果詢問之後，此人的父親確實患有糖尿病多年，因此，此人要遺傳父親的糖尿病，絕對是輕而易舉之事，結果當事人說，在三、四年前，就確診患有糖尿病了。

斗數論命無法推算疾病種類，只能探討是否有來自父系或母系的遺傳病，如果父母的吉凶進入先天疾厄宮的三方四正，要特別注意即將來臨的遺傳病因！

天相 奴僕 53~62 乙巳 大限	天梁 祿 遷移 63~72 丙午	廉貞 七殺 疾厄 73~82 丁未	財帛 83~92 戊申
巨門 文曲 官祿 43~52 甲辰		農曆 1962 年 11 月 6 號子時 陽男 木三局	子女 93~102 己酉
紫微 貪狼 田宅 33~42 癸卯			天同 文昌 夫妻 103~112 庚戌
天機 太陰 福德 23~32 壬寅	天府 父母 13~22 癸丑	太陽 命宮 3~12 壬子	武曲 忌 破軍 祿存 兄弟 113~122 辛亥

粉絲團迴響：

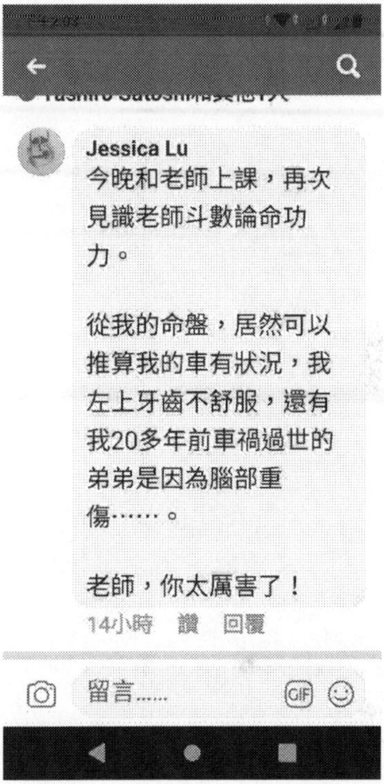
Jessica Lu
今晚和老師上課，再次見識老師斗數論命功力。
從我的命盤，居然可以推算我的車有狀況，我左上牙齒不舒服，還有我20多年前車禍過世的弟弟是因為腦部重傷……。
老師，你太厲害了！
14小時 讚 回覆
留言……
GIF

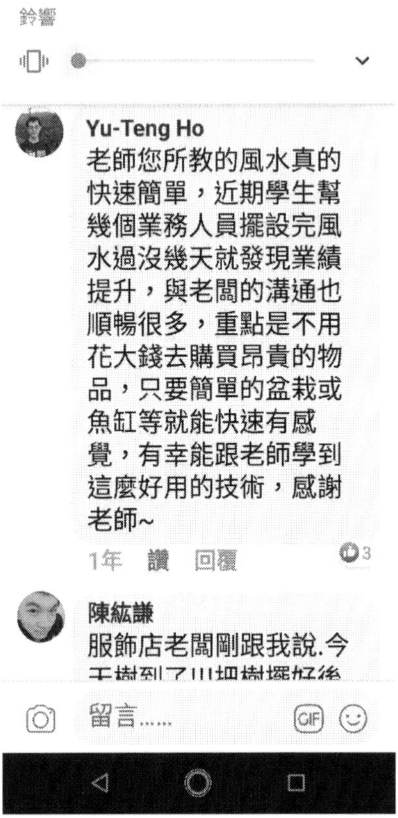
鈴響

Yu-Teng Ho
老師您所教的風水真的快速簡單，近期學生幫幾個業務人員擺設完風水過沒幾天就發現業績提升，與老闆的溝通也順暢很多，重點是不用花大錢去購買昂貴的物品，只要簡單的盆栽或魚缸等就能快速有感覺，有幸能跟老師學到這麼好用的技術，感謝老師~

1年　讚　回覆　3

陳紘謙
服飾店老闆剛跟我說.今

留言……

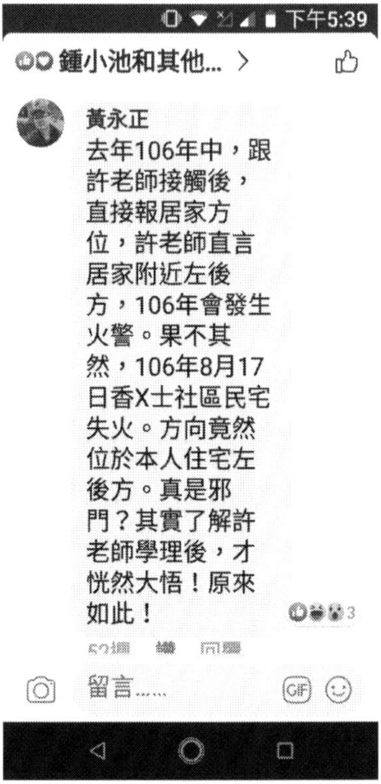
下午5:39

鍾小池和其他... >

黃永正
去年106年中，跟許老師接觸後，直接報居家方位，許老師直言居家附近左後方，106年會發生火警。果不其然，106年8月17日香X士社區民宅失火。方向竟然位於本人住宅左後方。真是邪門？其實了解許老師學理後，才恍然大悟！原來如此！　3

留言……

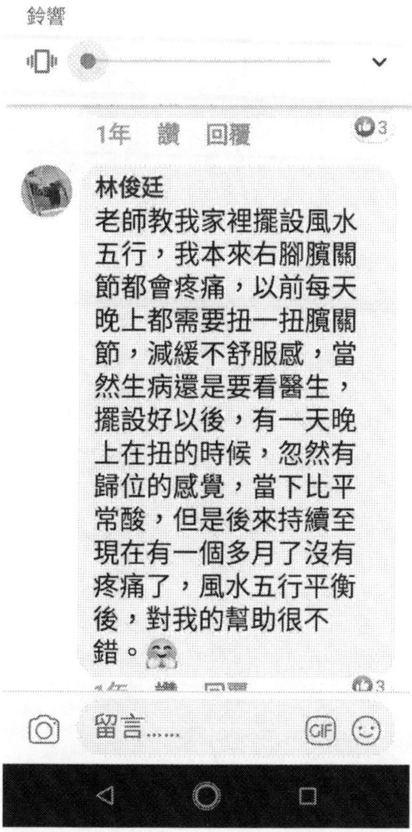
鈴響
1年 讚 回覆 3
林俊廷
老師教我家裡擺設風水五行，我本來右腳髖關節都會疼痛，以前每天晚上都需要扭一扭髖關節，減緩不舒服感，當然生病還是要看醫生，擺設好以後，有一天晚上在扭的時候，忽然有歸位的感覺，當下比平常酸，但是後來持續至現在有一個多月了沒有疼痛了，風水五行平衡後，對我的幫助很不錯。
留言……
GIF

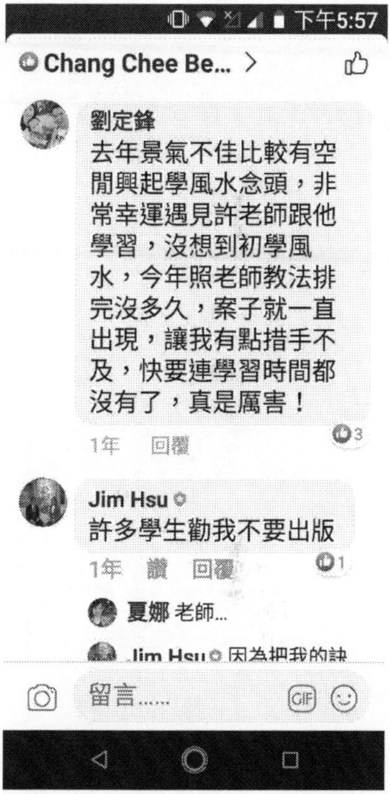
下午5:57
Chang Chee Be...
劉定鋒
去年景氣不佳比較有空閒興起學風水念頭，非常幸運遇見許老師跟他學習，沒想到初學風水，今年照老師教法排完沒多久，案子就一直出現，讓我有點措手不及，快要連學習時間都沒有了，真是厲害！
1年 回覆 3
Jim Hsu
許多學生勸我不要出版
1年 讚 回覆 1
夏娜 老師...
留言……
GIF

「大破」之後有「大立」！

無塵居士斗數論命班招生！

很多人研究斗數論命多年，還是無法幫人算命，其實斗數論命並不困難，只要你抓住核心理論與使用的推算方式，很快就能融會貫通。

花費數年甚至數十年，還是在斗數論命原地踏步者，一個星期上課一次，一次一個小時，個別傳授或小班教學，上課時間師生彈性約定，保證三個月後讓你精通！

機緣難得，請速把握。

上課地點：大元講堂
台北市萬華區南寧路三十五號一樓
洽詢電話：〇九三四〇〇八七五五

編號	命理叢書	作者	定價
1001	術數文化與宗教	鄭志明等	300
1002	天星擇日會通	白漢忠	400
1003	七政四餘快易通	白漢忠	300
1004	八字占星與中醫	白漢忠	350
1007	祿命法論命術(B5 開本)	郭先機	2500
1008	考試文昌必勝大全	余雪鴻等	300
1009	易算與彩票選碼	郭俊義	380
1010	歷代帝王名臣命譜	韓雨墨	480
1011	八字經典命譜詩評	韓雨墨	480
1012	安神位安公媽開運大法	黃春霖等	400
1014	最新八字命譜總覽(上下冊)	韓雨墨	1200
1015	韓雨墨相典	韓雨墨	600
1016	命理傳燈錄	顏兆鴻	400
1017	現代名人面相八字	韓雨墨	600
1018	大衍索隱與易卦圖陣蠡窺	孟昭瑋	500
1019	鄭氏易譜	鄭時達	500
1020	男命女命前定數	顏兆鴻	400
1021	命理傳燈續錄	顏兆鴻	400
1022	曆書(上下冊)	陳怡魁	1500
1023	華山希夷飛星棋譜秘傳	吳慕亮	1400
1024	現代圖解易經講義(B5 開本)	紫陽居士	1200
1025	易學與醫學	黃家騁	600
1026	樂透開運必勝大全	顏兆鴻	300
1027	天機大要·董公選	申泰三	300
1028	姓氏探源	吳慕亮	500
1029	測字姓名學	吳慕亮	500
1030	六書姓名學	吳慕亮	800
1031	八字推論	林進興	400
1032	神機妙算鐵板神數	周進諒	800
1033	紫微斗數精論	周進諒	500
1034	姓名哲學與推命	周進諒	350
1035	六十甲子論命術	陳宥潞	600
1036	天星斗數學	陳怡魁	400
1037	正宗最新小孔明姓名學	小孔明	400
1038	高級擇日全書	陳怡誠	600
1039	奇門遁甲擇日學	陳怡誠	600
1040	實用三合擇日學	陳怡誠	700
1041	三元日課格局詳解	陳怡誠	900
1042	實用三元擇日學(上中下)	陳怡誠	2500
1043	茶道與易道	黃來鎰	300
1044	十二生肖名人八字解碼	韓雨墨·羅德	300
1045	周易 64 卦詮釋及占卜實務	陳漢聲	400
1046	八字十二宮推論	翁秀花	500
1047	三世相法大全集	袁天罡	500
1048	小子說易	小子	300
1049	研究太陽星座的第一本書	黃家騁	400
1050	研究月亮星座的第一本書	黃家騁	400
1051	韓雨墨萬年曆	韓雨墨	400
1052	皇極經世·太乙神數圖解	黃家騁	700
1053	易學提要	黃家騁	600
1054	十八飛星策天紫微斗數全集精鈔本	陳希夷	600
1055	研究上升星座的第一本書	黃家騁	600
1056	占星運用要訣	白漢忠	300
1057	增補道藏紫微斗數	黃家騁	500
1058	增補中西星要	倪月培	800
1059	研究金星星座的第一本書	黃家騁	500
1060	面相男權寶鑑	林吉成	500
1061	面相女權寶鑑	林吉成	500
1062	相理觀商機合訂本	林吉成	500
1063	災凶厄難大圖鑑	林吉成	400
1064	男氣色大全	林吉成	500

編號	命理叢書	作者	定價
1065	女氣色大全	林吉成	500
1066	婚姻與創業之成敗(上下冊)	林吉成	1000
1067	小子解易	小子	500
1068	十二星座人相學	黃家騁	500
1069	九宮數愛情學	謝宏茂	350
1070	東方人相與女相	黃家騁	500
1071	八字必讀 3000 句	潘強華	500
1072	九宮數財運學	謝宏茂	350
1073	增補洪範易知	黃家騁	700
1074	風鑑啟悟(上下)	吳慕亮	1500
1075	占卜求財靈動數	顏兆鴻	300
1076	盲派算命秘術	劉威吾	400
1077	研究占星學的第一本書	黃家騁	600
1078	皇極大數·易學集成	黃家騁	700
1079	易經管理學	丁潤生	600
1080	九宮數行銷管理學	謝宏茂	350
1081	盲派算命金鉗訣	劉威吾	400
1082	策天六爻觀占指迷	文墨龍	300
1083	盲派算命深造	劉威吾	400
1084	盲派算命高段秘卷	劉威吾	400
1085	周易通鑑(4 巨冊)	吳慕亮	3200
1086	策天六爻遠斷六訣	文墨龍	300
1087	盲派算命藏經秘卷	劉威吾	400
1088	策天六爻觀卦五要	文墨龍	300
1089	周易卦爻闡微	黃來鎰	800
1090	策天六爻卦例精解	文墨龍邱秋芳	300
1091	盲派算命母法秘傳	劉威吾	400
1092	命理入門與命譜詩評	韓雨墨	400
1093	五行精紀新編	郭先機	1200
1094	策天六爻名師解卦	文墨龍編	350
1095	盲派算命獨門秘笈	劉威吾	400
1096	盲派算命流星奧語	劉威吾	400
1097	增廣切夢刀	丁成勳	700
1098	命理易知新編	黃家騁編	500
1099	增補用神精華	王心田	600
1100	改變命運的占卜學	文墨龍	300
1101	策天六爻名師解卦(二)	文墨龍編	350
1102	天文干支萬年曆	黃家騁編	800
1103	盲派算命一言九鼎	劉威吾	400
1104	盲派算命實務集成	劉威吾	400
1105	策天六爻名師解卦(三)	文墨龍編	300
1106	策天六爻名師解卦(四)	文墨龍編	300
1107	六爻卦大師教學秘笈	文墨龍張恩和	350
1108	奇門秘竅遁甲演義符應經	甘時望等	600
1109	六柱十二字推命法	文衡富	500
1110	周易演義	紀有奎	300
1111	民間算命實務精典	劉威吾	500
1112	神臺·孔廟之探索(4 巨冊)	吳慕亮	2800
1113	天文星曆表(上下冊)	黃家騁編著	2000
1114	民間算命實務寶典	劉威吾	500
1115	陳怡魁開運學	陳怡魁	800
1116	周易兩讀	李楷林	250
1117	增補周易兩讀	黃家騁編	600
1118	書經破譯	黃家騁編	700
1119	增補乙巳占	黃家騁增補	800
1120	增校周易本義	黃家騁增校	700
1121	命宮星座人相學	黃家騁編著	550
1122	命運的變奏曲	邱秋美	350
1123	六爻神卦推運法	文衡富	500
1124	星海詞林(六冊,平裝普及版)	黃家騁增校	6000
1125	占星初體驗	謝之迪	300

編號	命理叢書	作者	定價
1126	博思心靈易經占卜	邱秋美	300
1127	周易演義續集	紀有奎	700
1128	予凡易經八字姓名學	林予凡	350
1129	六爻文字學開運法	文衡富	500
1130	來因宮與紫微斗數 144 訣	吳中誠・邱秋美	500
1131	予凡八字轉運站	林予凡	500
1132	節氣朔望弦及日月食表	潘強華	500
1133	紫微破迷	無塵居士	350
編號	**堪輿叢書**	**作者**	**定價**
2001	陽宅改局實證	翁秀花	360
2002	陳怡魁風水改運成功學	陳怡魁	350
2003	陽宅學(上下冊)	陳怡魁	1200
2004	廿四山放水法、宅長煞與天賊煞	李建築	300
2005	地氣與採氣秘笈	韓雨墨	450
2006	陽宅生基 512 套範例	韓雨墨	300
2007	台灣風水集錦	韓雨墨	300
2010	增校羅經解	吳天洪	300
2011	地理末學	紀大奎	600
2012	陽宅地理訣學	周進諒	400
2013	陰宅風水訣學	周進諒	400
2014	萬年通用風水佈局	潘強華	800
2015	三合法地理秘旨全書	陳怡誠	1000
2016	三元六十四卦用爻法	陳怡誠	500
2017	三元地理六十四卦運用	陳怡誠	600
2018	三元地理連山歸藏	陳怡誠	600
2019	三元地理明師盤線秘旨	陳怡誠	500
2020	玄空九星地理學	陳怡誠	400
2021	九星法地理秘旨全書	陳怡誠	500
2022	無意心神觀龍法流	戴仁	300
2023	堪輿鐵盞燈	戴仁	300
2024	南洋尋龍（彩色）	林進興	800
2025	地理辨正秘傳補述	黃家騁	600
2026	風水正訣與斷驗	黃家騁	500
2027	正宗開運陽宅學	黃家騁	500
2028	永樂大典風水珍鈔補述	黃家騁	700
2029	三元玄空挨星破譯	許秉庸	500
2030	形巒龍穴大法	余勝唐	500
2031	玄空六法些子真訣	余勝唐	400
2032	玄空祕旨註解	梁正卿	300
2033	中國帝王風水學	黃家騁編著	800
2034	玄空大卦些子法真訣	余勝唐	400
2035	生存風水學	陳怡魁論著	500
2036	形家長眼法陰宅大全	劉威吾	500
2037	形家長眼法陽宅大全	劉威吾	500
2038	住宅生態環境精典	謝之迪	350
編號	**生活叢書**	**作者**	**定價**
3001	Day Trader 匯市勝訣	賴峰亮	300
3002	匯市勝訣 2	賴峰亮	350
編號	**養生叢書**	**作者**	**定價**
5001	仙家修養大法	韓雨墨	500
5002	醫海探驪總覽(上下冊)	吳慕亮	1800
5003	圖解經穴學	陳怡魁	600
5004	健康指壓與腳相	編輯部	400
5005	千古靜坐秘笈	韓雨墨	450
5006	傷寒明理論	成無己	400
5007	千金寶要	郭思	300
5008	脈經	王叔和	400
5009	人體生命節律	黃家騁編著	500
5010	達摩拳術服氣圖說	黃家騁編著	550
5011	十二星座養生學	黃家騁編著	600
5012	葉天士臨證指南醫案	葉天士著	500
編號	**宗教叢書**	**作者**	**定價**
6001	宗教與民俗醫療	鄭志明	350
6002	宗教的醫療觀與生命教育	鄭志明	350
6003	宗教組織的發展趨勢	鄭志明	350
6004	台灣傳統信仰的鬼神崇拜	鄭志明	300
6005	台灣傳統信仰的宗教詮釋	鄭志明	350
6006	宗教神話與崇拜的起源	鄭志明	350
6007	宗教神話與巫術儀式	鄭志明	350
6008	宗教的生命關懷	鄭志明	350
6009	宗教思潮與對話	鄭志明	350
6010	傳統宗教的傳播	鄭志明	350
6011	宗教與生命教育	鄭志明等	300
6012	台灣靈乩的宗教型態	鄭志明	300
6013	從陽宅學說談婚配理論	鄭志明	300
6014	佛教臨終關懷社會功能性	鄭志明	300
6015	「雜阿含經」的瞻病關懷	鄭志明	300
6016	台灣宗教社會觀察	吳惠巧	250
6017	印度六派哲學	孫 晶	400
編號	**大學用書**	**作者**	**定價**
7001	人與宗教	吳惠巧	400
7002	政治學新論	吳惠巧	400
7003	公共行政學導論	吳惠巧	450
7004	社會問題分析	吳惠巧	450
7005	都市規劃與區域發展	吳惠巧	650
7006	政府與企業導論	吳惠巧	700
編號	**文學叢書**	**作者**	**定價**
8001	殺狗仙講古	殺狗仙	400
8002	讀寫說教半生情	李蓬齡	300
8003	暴怒中國	福來臨	300
編號	**文創叢書**	**作者**	**定價**
A001	給亞亞的信(小說)	馬彧彬	300
A002	棲鳥(小說)	吳威邑	300
A003	宰日(小說)	吳威邑	300
A004	石頭的詩(詩)	姚詩聰	300
A005	阿魚的鄉思組曲(散文)	顏國民	300
A006	黑爪(小說)	吳威邑	400
A007	紅皮(小說)	吳威邑	400
A008	通向火光的雪地(小說)	文西	350
A009	鐘聲再響——我在慕光的日子(散文)	曾慶昌	200
A010	呼日勒的自行車(小說)	何君華	300
A011	一生懸命(小說)	吳威邑	400
A012	我的臉書文章(散文)	王建裕	300
A013	阿魚隨想集(散文)	顏國民	380
A014	臺灣紀行：大陸女孩在臺灣	董玥	300
A015	九天講古與湘夫人文集	顏湘芬	300
A016	西窗抒懷(散文)	王建裕	350
A017	凡塵悲歌(小說)	陳長慶	250

 108 台北市萬華區南寧路 35 號 1 樓 訂購專線 02-23087171 手機 0934008755

編號	教學DVD	作者	定價
9001	傳統醫學與掌相（12片）	張法涵	6000
9002	實用陽宅初中階（12片）	陳國楨	6000
9003	占驗八字推命學（33片）	陳啟銓	15000
9004	風水與巒頭心法（10片）	陳啟銓	6000
9005	梅花易數教學課程(9片)	陳啟銓	3800
9006	六十甲子論命術(11片)	陳宥潞	6000
9007	活學活用易經64卦（36片）	黃輝石	9000
9008	陽宅風水影音課程全集(124堂，4片)	大漢	特6000
9009	命相姓名影音課程全集(147堂，4片)	大漢	特6000
9010	占卦玄學影音課程全集(147堂，4片)	大漢	特6000
9011	閭仙派符籙基礎班(9片)	玄光上人	6800
9012	閭仙派符籙高級班(10片)	玄光上人	8800
9013	閭仙派符籙職業班(12片)	玄光上人	9800
9014	收驚、收煞、改運法班(5片)	玄光上人	6800
9015	神獸、法器、開光、化煞班(8片)	玄光上人	7800
9016	神佛開光點眼、安公媽(9片)	玄光上人	8800
9017	動土開工祭解班(8片)	玄光上人	7800
9018	玄光面相學初中高(11片)	玄光上人	10000
9019	玄光面相學職業班(8片)	玄光上人	8800
9020	玄光面相學執業班(8片)	玄光上人	8800
9021	玄光手相學初中級班(8片)	玄光上人	6800
9022	玄光手相學高級班(8片)	玄光上人	7800
9023	玄光手相學職業班(8片)	玄光上人	8800
9024	三合派與形家風水會通(8片)	於光泰	7000
9025	梁學八字大破譯(21片)	於光泰	9000
9026	梁學陽宅內局大解碼(8片)	於光泰	6000
9027	梁學八字基礎整合課程(15堂，隨身碟版)	於光泰	8000
9028	於光泰擇日會通課程(10堂，隨身碟版)	於光泰	7000

國家圖書館出版品預行編目(CIP)資料

紫微破迷：顛覆斗數論命的第一本書　　無塵居士／著 大元書局，2021（民 110）1 月　初版. 台北市 352 面；21╳14.7 公分. ----(命理叢書 1133) ISBN　978-986-98873-5-9　(平裝) 1. 命書 293.1　　　　　　　　　　　　110000746

命理叢書 1133
紫微破迷—顛覆斗數論命的第一本書
作者／無塵居士
出版／大元書局
負責人／顏國民
地址／10851 台北市萬華區南寧路 35 號 1 樓
電話／（02）23087171，傳真：(02)23080055
郵政劃撥帳號 19634769 大元書局
網址／www.life16888.com.tw
E-mail／aia.w168@msa.hinet.net
總經銷／旭昇圖書有限公司
地址／235 新北市中和區中山路二段 352 號 2 樓
電話／(02)22451480　傳真／(02)22451479
定價／350 元
初版／2021 年 1 月
ISBN　978-986-98873-5-9 (平裝)　版權所有・翻印必究

博客來、金石堂、PChome 等網路書店及全國各大書店有售